나는 왜
회사만 가면
힘들까?

오늘도 누군가의 날 선 말 한마디에
마음이 휘청이는 직장인을 위한

직장생활 관계수업

유세미 지음

나는 왜
회사만 가면
힘들까?

RHK
알에이치코리아

당신의 직장생활은
안녕하십니까?

아침 6시 반이면 어김없이 알람음이 울릴 텐데. 그때면 이 불속에서 피곤한 나를 일으키기 위해 전력으로 싸워야 하는 걸 뻔히 알면서도 새벽 2시까지 잠 못 이루는 밤이 있습니다.

'그때 그렇게 당황하지 말았어야 했는데. 괜히 바보같이 울먹거리고 말 더듬거리면서 따진 걸 생각하면 지금도 얼굴이 화끈거리고 자존심이 상하네. 내가 잘못한 것도 아니고 정작 무례한 그 사람은 아무렇지도 않게 능글맞게 웃으며 여유를 부리는데. 이러면 분위기를 어색하게 만든 게 오히려 내가 되지 않나. 다들 나를 뭐라고 생각할까? 내가 정말 조직 부적응

자인가? 회사를 옮겨야 하나…….'

밤이 깊어 갈수록 몸과 마음은 피곤한데 정신은 말똥말똥하
고 생각은 꼬리를 뭅니다. 직장인이라면 어떤 이유에서건 이런
불면의 밤을 대부분 경험합니다. 내가 맡은 일이 어렵거나 많
아서 뒤척이며 잠 못 이루는 경우는 비교적 적습니다. 대부분
은 인간관계 문제 때문입니다. 사람들과 부대끼는 조직에서
어떻게 갈등이 없겠습니까. 문제는 그 기분 나쁜 상황을 쿨하
게 넘기거나 '그럴 수도 있지'하고 툭 털어버리기가 어렵다는
거죠.

이 같은 고민을 참 많이 보고 듣습니다. 제가 운영하는 유튜
브 채널 〈유세미의 직장수업〉에 영상을 올릴 때마다 댓글을 수
시로 찾아 읽습니다. 유튜버의 루틴이라고나 할까요. 채널을
응원하는 댓글도 많지만 안타까운 사연들도 눈에 띕니다.

팀장과의 갈등이 심한데 사직서를 던져야 할까요?
팀원한테 뒤통수 맞고 멘탈이 나갔습니다. 저는 리더십이
부족한 걸까요?
무례하게 구는 선배에게 더 괴롭힘을 당할까, 후환이 두려
워서 따질 수가 없어요. 제 자신이 너무 한심하게 느껴져요.

이런 고민을 할 수는 있습니다. 문제는 이런 댓글이 새벽 2시, 3시, 5시에도 올라온다는 겁니다. 하루 종일 열심히 일했으니 쉬어야 할 때, 평안을 누려 마땅한 시간에 여전히 우리는 직장에서의 인간관계에 휘둘리고 걱정합니다. 그래서《나는 왜 회사만 가면 힘들까?》를 쓰기 시작했습니다. 그렇게까지 고민하지 않아도 된다고, 밤에는 걱정 없이 잠을 자자고. 생각의 방향만 조금 틀어도 우리는 훨씬 즐겁고 성공적인 직장생활이 가능하다는 이야기를 전하게 되어 지금 제 마음이 설렙니다.

《나는 왜 회사만 가면 힘들까?》는 인간관계에서 서툴고 상처를 잘 받는 분, 나름대로 원만한 성격이라고 생각하지만 지금보다 더 인간관계를 원활히 프로답게 관리하고 싶은 분, 사회생활의 성공은 인간관계의 성공과 동일하다고 믿는 분들을 위한 콘텐츠입니다.

전체 4개 장으로 구성했습니다. 1장에서는 마음이 약하고 물러서 남들에게 싫은 소리도, 거절도 잘 못하는 나를 위한 훈련입니다. 정중하면서도 단호하게 거절하는 법을 배우면 훨씬 더 건강한 관계를 유지할 수 있습니다.

2장은 시도 때도 없이 열 받고 기가 찬 직장생활 속, 회사 안에서 쿨하고 품격 있게 화내는 방법입니다. 분노는 표현해야 합니다. 그렇지 않으면 울화병 걸리죠. 그러나 세련되게 화낼 줄 알아야 인간관계에 문제가 생기지 않습니다. 그 방법을 아주 현실적으로 알려드리겠습니다.

3장은 이 시대 핵심경쟁력이라고 할 수 있는 소통법입니다. 이제는 소통의 시대, 소통과 공감의 말하기는 세상이 원하는 인재 조건의 원탑입니다. 어떻게 말해야 하는지 생생한 현장 공간에서의 실용 말하기를 훈련합니다.

마지막 4장은 직장생활 수준을 점프시키는 비결, 바로 호감 가는 사람으로의 이미지 메이킹 방법입니다. 소통이 잘되는 것과 그 사람에게 호감을 느끼는 건 공통점이 있으면서도 결국 결이 다른 문제입니다. 어떻게 해야 사람들에게 호감을 전할 수 있는지, 그 실제적인 액션플랜은 독자분들의 직장생활을 성공시키는 화룡점정이 될 것입니다.

책이 나오기까지 수많은 분의 도움이 있었습니다. 한 분 한 분 마음에 새기며 감사를 전합니다. 고맙습니다. 그리고 이 메시지가 이 땅의 고된 직장인들의 마음을 행복하게, 결국은 성공하게 하는 도구가 되리라 확신합니다.

이 모든 영광을 하나님께 올려드립니다.

유세미

차 례

STEP 1

무른 나를 위한
거절 잘하기

STEP 2

지속가능한 관계를 위한
세련되게 화내기

STEP 3

관계 형성의 기본
소통 잘하기

STEP 4

직장생활 스텝 업
호감 가는 사람 되기

STEP 1

무른 나를 위한

거절 잘하기

인간관계가
'노동'처럼 느껴진다면

지쳤어요.
어디서부터 어떻게 잘못된 건지 모르겠는데, 그냥 지쳤어요.
모든 관계가 노동이에요.
눈 뜨고 있는 모든 시간이 노동이에요.
– JTBC 〈나의 해방일지〉 염미정의 대사 중에서

'한 달 벌어서 한 달 쓰기도 벅차다. 한 달 내내 일해도 통장
을 스쳐가듯 월급이 빠져나가는데 이 푼돈을 벌자고 매일 반
복되는 이 고단함을 언제까지 버텨야 할까…….'

사람들에 떠밀려 스마트폰 들여다보는 것도 포기한 공백수
과장은 눈을 감고 생각에 빠진다. 출근 시간대 지하철 9호선을
타보지 않고서는 인생을 논할 자격이 없다. 성실히 일하는데도
마이너스 통장을 훈장처럼 가지고 있어 본 적 없는 자, 회사에
가면 보통 다섯 명과 대화하는데 그 다섯 명이 다 끔찍이도 안
맞는 사람임을 경험하지 않은 자 역시 인생이 쓰다 달다 얘기
를 말자.

오늘도 출근하면서 가슴에 묵직한 돌덩이 하나를 얹어놓은 듯하다. 지난번 월례회의 때 말도 안 되는 걸 우겨대는 팀장을 보고 한마디 한 것이 화근이었다.

"팀장님. 그 안건은 이미 작년에 검토하고 더 이상 논의하지 않는 걸로 결정……."

말이 끝나기도 전에 불같이 화를 내는 김 팀장. 원래부터 속 좁고 자기 말을 막아서는 걸 끔찍이도 싫어하는 줄 알고 있기는 했지만, 누가 봐도 아닌 일에 한마디 했다고 그렇게까지 분노할 줄은 몰랐다. 그때부터 팀장 눈 밖에 났던 걸까. 가시밭길이 시작되었다. 사사건건 공 과장의 의견은 묵살되고, 중요 업무에서도 배제되기 일쑤였다. 직원들은 수군거리며 팀장과 과장 사이에서 어정쩡 눈치만 살핀다. 오늘도 신규 거래처 계약을 결정해야 하는데 무슨 트집을 잡을지 벌써부터 가슴이 답답하다.

팀장 때문에 잔뜩 긴장하고 있는데 그의 신경을 긁은 건 생뚱맞게 김 대리였다. 회의가 시작되고 주요 의제를 다루기 전 잠시 신입사원 모집 현황에 대한 화제가 올라왔다. 신입사원들에게 차별화된 오리엔테이션을 제공하자는 의견이 나오는 데 공백수 과장이 "환영 인사를 동영상으로 편집해서 내보내는 건 어때?"라고 제안하자 김 대리가 "에이, 역시 구식이셔. 그런 걸 하면 꼰대 영상이라고 엉뚱하게 패러디될 수 있어요. 그런 쪽에 감각이 없으시니 그냥 저희한테 맡기세요"라고 장난처럼 말하는 게 아닌가. 더 당황스러운 건 다들 동조하듯 와하하 웃음이 터졌다. 순간 '이건 뭐지?' 했지만 화를 냈다가는 분위기가 이상해질 듯해서 "그런가……?"하고 얼버무리고 말았다.

그러나 공 과장은 내내 불쾌한 감정을 떨쳐낼 수가 없다. '날 무시하나? 내가 그동안 자기한테 어떻게 해줬는데 감히 나한테?' 그렇게 생각하면서도 자존심이 상해 대놓고 김 대리에게 뭐라고 말을 못 하는 자신이 한심하다.

오후에도 오라 가라 하는 거래처 사장 때문에 머리끝까지 열불이 뻗쳤지만 '그래, 네가 갑이라고 갑질을 하는구나'하고 울화를 삼켰다. 어차피 싫은 소리 해봐야 결국 손해 보는 건 내 쪽이 아닌가. 그 와중에 와이프는 전화를 해서 갑자기 일이 생겼으니 아이 학원 픽업을 맡으란다. 그것도 부하직원에게 하듯 명령조로. 남편에게 부하직원에게 말하듯 명령하지 말라고 몇 번을 다투었던가? 아무 소용이 없다. 남편을 우습게 알기 때문이다. 퇴근 시간 다 되어서는 막판 굳히기인지 회의 때문에 전화를 못 받은 퀵서비스 기사까지 짜증을 낸다.

"전화를 빨리빨리 받으셔야죠? 저희는 시간이 없어요. 참나,

대체 몇 분을 손해 본 거야."

 그렇게 하루가 끝나고 다시 미어터지는 9호선을 타고 집으
로 향할 때는 이미 몸과 마음이 너덜너덜해졌다. 공백수 과장
은 일이 힘든 게 아니고 사람이 힘들어 마음고생이 심한 자신
이 딱하기만 하다. 그러나 어떻게 이 관계의 노동을 덜 힘들게
헤쳐 나갈지 막막하기만 하다. 사실 따지고 보면 성질 더러운
팀장이, 눈치코치 없는 김 대리가, 갑질이 몸에 배어있는 거래
처 사장이 그를 힘들게 하는 게 아니다. 그의 마음의 방향이 자
신을 힘들게 한다.

 한번 꼬이면 두고두고 괴롭히는, 품격이라고는 약에 쓸래도
찾을 수 없는 팀장을 그는 자신의 인생에서 중요하지 않은, 그
저 그런 조연으로 취급했어야 했다. 아침마다 긴장해서 팀장의
눈치를 살피는 건, 그의 인생에서 자신보다 팀장을 더 우선순
위에 놓는 마음의 습관인 셈이다. 눈치를 살필 게 아니라 팀장
을 당당히 대면해서 자신이 실수한 부분을 쿨하게 인정하고
바로잡으면 될 일이다. 자존심 때문에 내가 한 말의 실수(말의
내용이 잘못되지는 않았지만, 말을 꺼낸 타이밍과 장소에 대한 배려
가 없었음을 인정)를 은근슬쩍 뭉개고 넘어가면 해결점이 멀어
진다.

김 대리 건은 어떠한가? 함께 있는 직원들 앞에서 김 대리가 얼마나 무안할지를 생각해 자신에게 무례한 후배의 언동을 지적하지 않고 넘어가면 내 스트레스만 가중될 뿐이다. 내 마음이 최우선이다. 지금 김 대리의 말하는 방식이 무례하다고 이성적으로 얘기해줘도 된다.

김 대리에게 배신감을 느끼는 건 이치에 맞지 않다. 평소 친한 선후배 사이라고 해서 내 생각과 그 사람의 생각이 같을 수는 없다. '네가 어떻게 나한테……!'라는 마음으로 분노하기 전에 스스로에게 객관적인 질문을 던져보자.

'우리는 어떤 관계지?'

당연히 비즈니스 관계다. 모든 직장동료는 조직이라는 시스템 안에서 신의로 움직이는 비즈니스 관계이며 그 관계에는 유효기간이 있다. 언제 헤어져도 이상하지 않다. 이러한 원칙을 알고 있어야 사람들 사이에서 지치지 않는다. 그렇게 해야만 인간관계가 노동이 아닌 에너지 공급원이 된다. 이 사실을 아는 사람들만이 인간관계에 윤기가 흐른다.

관계에 지친 사람들이
기억해야 하는 것

사람들과의 관계에 유난히 지칠 때, 우리는 스스로에게 어떤 질문을 던지고 어떤 대답을 해야 할까? 계속 사람들과 부대끼며 살아야 할 텐데, 어떻게 해야 그 속에서 최대한 내 마음을 다치지 않게 보살필 수 있을까?

1. 그 사람이 내 인생에서 나보다 중요해?

제일 중요한 질문이다. 우리는 자꾸 착각한다. 내 마음이 건강해야 타인과 건강한 관계를 형성할 수 있는데, 나는 돌보지 않고 타인에게만 모든 신경이 곤두서 있으면 답이 없다.

그러면 자신에게 질문해 보자. 내 인사고과를 틀어쥐고 있는 팀장이 내 인생에서 나보다 더 중요한 사람인가? 스마트폰에 이름만 뜨면 가슴이 벌렁거리는 부장님이 나 자신보다 중요한 사람인가? 당연히 나보다 중요하지 않다는 결론에 도달

해야 내 자존감이 무너지지 않는다. 타인과의 관계에 지나친 기대는 금물이다. 그래야 어떤 스트레스 상황에도 유연하게 대처할 수 있다.

2. 잘못한 만큼의 책임은 쿨하게 인정

직장이 왜 전쟁터라고 할까? 잘잘못을 가리기 위해 피 터지게 싸우는 일이 비일비재하기 때문이다. 잘못한 일을 두고 '누가 그랬어?'와 '제 책임은 아닌데요'가 주요 화두이다. 서로 상처 주고 모함하고 잘잘못을 가리다가 미꾸라지처럼 빠져나가면 처세를 잘한다고 생각한다.

이렇듯 잘잘못 가리기 대회가 열리는 곳이 직장인데, 여기서 인간관계에 지치지 않으려면 잘못에 있어 자신이 책임질 부분은 정확하게 인정하는 태도가 제일이다. 이런 태도는 객관적인 시각으로 상황을 볼 줄 알아야 가능하다. 이런 능력이 부족하면 나를 질책하는 직장 상사에 대해 '왜 나만 미워할까?' 같은 엉뚱한 생각에 빠지게 된다.

잘못에 있어 스스로를 심하게 자책하지는 말자. 조직에서 내가 하나의 일을 온전히 다 망칠 수 있는 능력 따위는 없음을 알아야 한다. 일을 망쳐도 다 같이 망친 거고, 그중 일부의 책임이 나에게 있다는 것을 객관적으로 인정하는 태도가 관계에 대한 스트레스를 줄인다.

3. 내 마음이 최우선

동창회에서 모처럼 즐거운 시간을 보내고 있는데, 20년 만에 본 친구가 '너 학교 다닐 때 공부 되게 못 했잖아?'하고 놀리듯 말한다. 그 자리에 있던 친구들은 와하하 웃고 나는 당황한다. 그 순간 '내가 화를 내면 저 친구도 무안하겠지?'하는 생각은 할 필요가 없다. 무례하게 군 친구로 인해 내 기분이 상한 상황에서 왜 친구의 기분을 배려해 입을 다무는가? 지금은 내 마음을 최우선으로 돌봐야 하는 상황이다. '아무리 친구 사이라지만 오랜만에 만나서 그런 얘기는 좀 무례하지 않니?'하고 직설적으로 말해도 괜찮다. 언제나 내 마음이 최우선이다.

4. 우린 어떤 관계지?

타인과의 관계에 대해 착각하지 말자. 정확히 정의해 보자. 그래야 괜한 기대로 헛물켜지 않는다. 그래야 혼자 북 치고 장구 치고 서운해하다 손절하는 일이 없다.

동생처럼 잘 대해준 후배가 있었다고 치자. 그런데 퇴사하고 나니 연락이 없다. 명절에도 전화 한 통이 없다. 그러면 그 동생에게 서운한 마음이 들기 시작한다. '연락 한 번을 안 해?' 하고. 그럴 때 스스로에게 객관적인 질문을 한번 던져보자.

'우린 어떤 관계지?'

예전에 함께 일했던 선후배 사이. 함께 일하는 동안 마음이 잘 맞고 서로를 배려하고 응원했던 사이. 그러면 답이 딱 나온다.

'근데 그 후배가 지금도 나한테 잘해야 하나? 그럴 의무는 없잖아?'

내가 생각하는 우리의 관계와 상대가 생각하는 우리의 관계는 얼마든지 다를 수 있다. 그래서 객관적으로 우리의 관계에 대해 다시 생각해보는 일은 스스로를 현명하게 만든다.

이런 이야기가 있다. 지하철에서 한 아주머니가 좁은 자리에 큰 짐까지 가지고 막무가내로 끼어 앉아 근처 사람들에게 피해를 주는데, 옆에 앉은 젊은 여자는 인상 한 번 쓰지 않더란다. 불편할 텐데 왜 한 소리 하지 않느냐고 물으니 그녀가 하는 말.

"어차피 다음 역에서 내리거든요."

바로 이 자세다. 우리는 타인과 잠시 함께할 뿐이다. 직장에서의 관계 역시 같은 목적을 가지고 잠깐의 시간을 공유할 뿐 언제 헤어져도 이상하지 않다. 가족이라고 다를까. 자신이 어떤 존재인지, 우린 어떤 관계인지 자신에게 물어보자. 객관적으로 답하자면 일단 타인은 내 소유물이 아니다. 나와 무관한 존재, 내 마음대로 억압하고 휘두르면 안 되는 존재, 혹은 내가 응원하고 도와줘야 하는 관계. 이렇게 관계를 정의할 수 있다. 이제 나와 주변 사람들과의 관계를 재정립해보자. 스트레스 지수가 확 떨어질 수 있다.

인간관계에서
가장 쓸데없는 짓 3가지

✦

우식은 대학 동창 모임 총무다. 같은 과, 같은 학번들끼리 가지는 모임이 뜨뜻미지근하더라도 20년이 훨씬 넘게 명맥을 유지해온 건 우식의 공이 절대적이다. 단톡방에 친구들의 대소사를 살뜰하게 알리고, 정기적인 식사 모임 등을 가지면서 동기들을 다단계 사업 회원 모으듯 끌어모았다. 그뿐인가. 대학 총동문회에서도 총무다. 주로 60대 이상 성공한 선배들이 장악한 총동문회의 자질구레한 일까지 우식의 손을 거친다.

오지랖도 그런 오지랖이 없는 우식이 잘 이해되지 않지만 '뭐……인생 각자 자기 스타일로 사는 거니까'하는 심정으로 우식을 바라보는 정환. 그는 우식의 동창이다. 90학번인 그들은 학교 때 꽤 친한 편이었다. 둘 다 시골 깡촌 출신이라 서로 말하지 않아도 통하는 무언가가 있었다. 방학 때 멀고 먼 친구의 집에 버스 타고 배 타고 꼬박 하루가 걸려 꾀죄죄한 모습으로 가면, 농장일을 하며 돼지 밥 주느라 꾀죄죄한 모습으로 있는 또 다른 친구가 어서 오라 맞이하는 식이었다.

그랬던 그들이 어른이 되고 세상과 부대끼며 우식은 세일즈맨으로 갖은 풍파를 겪고 정환은 신입으로 입사한 회사의 회계팀에서만 20년 근속 중이다. 서로 아예 다른 분야에서 먹고 살지만 그들의 공통점은 별로 행복하지 않다는 것, 사는 게 참 고단하다는 것, 일보다는 사람들 때문에 늘 마음이 짓눌린다는 것이다.

우식은 제약회사 영업을 비롯해 자동차, 보험 등 무엇인가를 파는 일을 해왔다. 서글서글하고 누구와도 쉽게 친해지는 성격 덕분에 세일즈가 적성에 잘 맞는다고 생각했다. 제약회사 영업에서는 병원 의사들이 그야말로 슈퍼 갑이다. 오죽하면 주말에는 큰 병원 의사의 아들을 위해서 과외선생 픽업까지 다녔을까. VIP들의 생일을 챙기고, 고객의 집안 대소사에 팔 걷어붙이는 것을 당연하게 여기면서, 우식이 자신에게 스스로 붙인 별명이 동네머슴이었다. VIP 고객들의 인정이 곧 매출이라고 생각했기에 그렇게 할 수 있었다.

그뿐인가. 당장은 아니더라도 언젠가는 고객이 될 그들에게

미리 씨앗을 뿌리듯 '관리'하는 습관이 결국 동창회의 터줏대
감이 되게 만들었다. 시간 없다며 연락을 잘 안 받는 동문들에
게 지치지 않고 계속 전화해 안부를 물었다. 우식에게 절대 먼
저 연락하지 않는 친구들에게 몇 달에 한 번은 전화를 하고, 직
접 찾아가기도 해야 이어지는 관계가 대부분이었다.

상황이 이렇다 보니 사람에 대해 어느 순간부터 차츰 지치
기 시작한 우식. 처음에는 나이 때문인 줄 알았다. 젊을 때는
누가 뭐라 해도 서운한 마음이 들지 않았는데 이제는 누가 한
마디 툭 던지면 '저게 나를 뭘로 보고!'라는 마음이 들며 욱 치
밀어 오른다. 이리 뛰고 저리 뛰고 웃는 낯으로 많은 사람들을
만나지만 그들과의 이야기나 만남이, 빈 그릇마냥 점점 더 공
허하기만 하다.

정환은 우식과 정반대이다. 사람들은 내성적이라 하는데 정
확히 말하면 사람을 그리 좋아하지 않는다는 표현이 정확하다.
처음부터 그랬던 건 물론 아니다. 입사했을 때는 누구보다 명
랑하고 사람에 대한 경계심이 없었다. 그러던 중 자신을 '친형
처럼 믿으라'고 했던 선배 과장이 자신의 실책을 정환에게 덮
어씌우는 바람에 중징계를 당하는 일이 벌어졌다.

처음에는 어안이 벙벙해 사태 파악이 잘 되질 않았다. 선배
L과장은 정환에게 울며 사정했다. 애도 둘이고 와이프는 병약

하고 부모님께 생활비도 보내야 하는데 지금 회사에서 잘리면 답이 없다고. 너는 신입사원이니 모든 게 용서되고 피해도 덜할 테니 한 번만 도와주면 죽을 때까지 잊지 않겠다는 선배의 애원에 마음이 짠해져 정환이 자청해 선배의 실책을 뒤집어썼다.

하지만 이게 웬일? 회사 창사 이래 신입사원 중징계라는 최초의 기록을 세웠고, 이 때문에 정환은 잘리지만 않았을 뿐 이후 몇 년을 최하 인사평가를 받는 바람에 동기와 후배들이 먼저 진급하는 꼴을 봐야 했다. 결정타는 L과장이 자신의 실책에 대해 맹한 후배에게 뒤집어씌워 위기를 모면했다고 무슨 무용담처럼 동료들에게 떠들고 다닌다는 사실을 정환까지 알게 된 것. 사회에 나와 처음으로 믿었던 선배에게 배신당한 아픔은 이후 정환이 회사에서 누구를 만나도 신뢰를 쌓기 힘들게 하는 계기가 되었다.

누구와도 친해지고 싶지 않다. 회사는 회사니까. 친해져 봐야 상처만 입을 뿐, 누구도 믿을 수 없다. 정환을 지배하는 이 생각이 정환의 20년 직장생활 동안 '원만하지 않은 성격, 인간관계에 서툰 김정환 팀장'이라는 이미지를 만들었다. 그런 이미지가 정환 역시 달갑지는 않다.

타인에게 상처를 받지 않는 방법은 고슴도치처럼 가시를 세우고 타인과의 거리를 유지하는 것뿐이라고 오랜 세월 생각해 왔기에, 지금까지 지녀왔던 태도를 한 번에 바꾸기에도 무리가 있어 그저 어정쩡하게 후회하고 있을 뿐이다. 왜 그때 타인에게 '더 이상 손해 보지 않겠다', '상처받지 않겠다' 마음먹었을까? 사회생활이란 게 어차피 남에게 상처받고 상처 주고 부대끼며 사는 건데. 그게 무서워 기를 쓰고 피했던 자신의 지난 시간들이 어쩐지 많이 아쉽다.

인간관계에서
가장 쓸데없는 짓 3가지

1. 타인과의 관계에서 오는 상처를 피하려고 기를 쓰는 것

입사해서 초기에 직장 상사로부터 심한 질책과 괴롭힘을 당하거나 무리로부터 따돌림을 당한 경험이 있는 직원은 그 트라우마가 직장생활 내내 지속될 확률이 높다. 사람에 대한 환멸이 그 못된 직장 상사나 동료들과 헤어진 후에도 다른 부서에서 사람과의 관계를 맺는 데 머뭇거리는 태도로 나타난다.

그러나 사회생활을 한다는 건 남과 함께 살아간다는 의미. 그러므로 사람에게 상처를 받지 않는다는 건 불가능에 가깝다. 아무리 애써도 모든 사람에게 사랑받을 수는 없고, 누군가는 나를 미워할 수 있다. 더불어 사는 세상에서 필연적으로 늘 상처를 주고받을 수밖에 없다는 사실을 덤덤히 받아들이게 된다면, 억지로 상처받지 않으려 타인에게 거리를 두며 피하려고 기를 쓰는 자세도 자연히 사라질 것이다.

2. 인정받으려 기를 쓰는 것

인간관계에서 가장 중요한 것을 하나만 꼽으라면? 그건 바로 힘을 빼는 것이다. 상대와 친해지고 싶어 지나치게 들이대거나, 필요 이상으로 잘해주거나 하면서 오버하면 결국 끝이 좋지 않다. 사회생활에 성공하고 싶다면 물론 인정받으려는 노력을 해야 한다. 그러나 지나치게 집착하면 인정받기도 전에 나가떨어질 수 있다. 잘하고 싶으면 일단 힘을 빼자.

출근해서 직장 상사가 기분이 어떤지 살피는 것은 상관없다. 개인의 성향 차이라고 해두자. 그러나 상사가 내 보고서를 보고 짜증스럽게 한마디 했다고 종일 우울해하고 좌절하고 '혹시 찍혔나?'하고 고민하는 것은 비효율적인 일이다. 타인의 평가에 나의 하루, 더 나아가 나의 직장생활이 좌우되어서는 안 된다.

상대의 기분과 평가에 일희일비하지 말고 거시적인 목표만 보자. 회사에서 팀장의 인정에 목을 매기보다는 '어떻게 해야 회사가 원하는 인재가 되는가?', '어떻게 내 실력을 점프 업 시키는가?'와 같은 목표를 위해 묵묵히 오늘 해야 할 일을 하나씩 중단없이 해나가는 것. 이 모든 것이 결국 관계에서 힘을 빼는 작업이다.

3. 붙잡으려고 기를 쓰는 것

'아 그 친구? 내가 잘 알지. 어휴, 나랑은 호형호제하지'하고 인맥에 대한 자랑과 허세를 부리는 사람들의 유형은 주로 자기보다 높은 위치에 있는 사람들에게 지나치게 매달린다. 주로 사람을 비싼 액세서리처럼 인맥 과시용으로 사용하거나 혹시라도 나에게 나중에 유용하게 쓰이는지 필요를 계산한다.

누구와 '잘 아는 사이'가 되고 싶은가? 사람의 관계에는 유효기간이 있다. 좋았던 친구와 연락이 끊어지기도 하고, 신뢰와 우정으로 일했던 동료도 퇴사와 동시에 소원해진다. 관계란 만나고 헤어짐의 연속이라는 사실을 받아들이는 것이 지혜다. 내게 도움이 되는 지인이라고 치자. 그는 나에게 아무렇게나 대하는데 나는 무조건 잘해주고 어떻게 해서든 연결되어 있으려고 노력하는 건 대부분 헛일이기 쉽다. 붙잡으려고 내가 일방적으로 기를 써서 겨우 붙잡고 있는 관계는 손가락 사이로 빠져나가는 모래처럼 의미가 없다.

"누군가는 나를 싫어해요"
그러라고 하세요

행복해지려면 미움받을 용기도 있어야 한다.
그런 용기가 생겼을 때 인간관계는 한순간에 달라진다.
– 알프레도 아들러

"그래도 이름 있는 회사가 낫지. 과장 안 하면 어때? 굳이 고집 피워서 작은 회사로 옮기니 좋냐?"

"김여사, 출근하는 딸에게 그게 무슨 소리인가요? 응원인가요 아님 재를 뿌리는 건가요? 나 참!"

신경질을 팩 내고 문을 나섰다. 경력 입사로 오늘 첫 출근하는 회사 〈A에듀〉는 온라인 교육업체다. '나후진 과장이라…….' 출근길이 쓸쓸하다. 전 회사에서 몇 번이나 연속해서 진급 누락이 되면서 더 이상 물러설 데가 없던 것이 사실이다. 후배들이 치고 올라오는데 계속 대리 직급으로 버티라는 게, 무슨 멘탈 테스트를 하는 것도 아니고. 그래서 과장 직급을 달아줄 회사를 찾는 것을 탈출구로 삼았다. 그러나 이전 회사에 비하면 규모가 상대가 되지 않는다. 나이도 서른 중반인데 더 좋은 회사로 이직은 못할망정 작은 회사로 옮기니 엄마의 지청구가 영 틀린 말도 아니다.

대학을 졸업하고 이번이 4번째 회사. 면접 때 회사를 자주 옮긴 이유를 묻는 면접관의 질문은 적당히 둘러댔다. 비전이 어쩌고, 더 다양한 범위의 일을 해보고 싶어서…… 믿는 눈치도 아니었지만 그렇다고 사실대로 이야기할 수도 없었다.

나후진 과장은 유독 회사에서는 자신이 사람들이라는 물 위를 겉도는 기름 같다는 생각을 늘 하는 편이다. 학교 때는 과대표를 할 만큼 활동적이고 친구들과 문제도 전혀 없었다. 오히려 대단히 사교적인 성격이라고 믿고 있었다. 그러나 첫 직장에서부터 이상하게 사람들과의 관계가 꼬이기 시작했다.

불운은 첫 직장, 첫 사수였다. 첫 사수는 거의 그 업계에서 입지전적인 인물이라는 말에 어울리는 사람이었다. 검정고시 출신의 고졸 사원으로 입사 후 초스피드로 진급해 대졸 사원들이 입사하는 나이에 이미 대리 직급을 달고 그들의 사수가 되었으니 그 기세가 등등했다.

능력 있고 성실했지만, 그 사수의 약점은 학력이라는 콤플렉스였다. 대졸 신입인 나후진을 흔적조차 남기지 말아야 할 적으로 규정한 듯했다. 업무를 가르치기는커녕 아무런 정보도

주지 않고 거래처마저 만나지 못하게 했다. 그리고 집요하게 괴롭혔다. 보다 못한 과장이 한소리 했지만 "네네, 그럼요. 잘 가르치고 있습니다"하고 환하게 웃는 모습이 호러물을 보는 듯했다.

그때부터 나후진 씨는 직원들이 나를 싫어하는구나 하고 느껴지면 위축되어 말도 제대로 못하고 눈치를 보게 되었다. 첫 직장을 그렇게 도망치듯 포기하고 두 번째, 세 번째 직장에서도 팀장이 못마땅해하거나 회의 시간에 동료가 반대 의견을 내면 침울해하는 정도가 심해졌다. 한마디로 회사에서 나를 싫어하는 사람이 생기면 '얼음'이 되는 것이다. 나후진 씨는 모두가 자신을 좋아하도록 노력했다.

직원들의 생일도 일일이 챙겼다. 서프라이즈 파티를 하고 작은 선물이라도 꼭 건넸다. 웬만하면 경조사에도 빠지지 않았다. 적지 않은 경조사비가 부담되었지만, 회사에서 모두와 잘 지내고 싶었다. 그런데 그런 나후진 씨를 지치게 만드는 것은 아무리 노력해도 그의 노력을 잘 알아주지 않는 사람들에 대해 늘 마음 한 자락에 깔려있는 서운함이었다.

팀장에게 그렇게 공을 들여도 자기에게 잘할 때만 "네가 제일이다" 했지 인사고과는 늘 바닥을 쳤다. 결과가 믿기지 않아 팀장의 눈치를 살피면 그렇게 냉정한 표정일 수가 없었다. 그럴 때마다 나후진 씨는 마음 한구석에 상처가 하나둘 늘어갔다.

'내가 그렇게까지 충성을 다했는데. 내가 한 것의 반의반만이라도 나에게 돌려줘야 하는 거 아닌가?'

그렇게 힘겨운 직장생활을 겪으며 결국 과장 진급이라는 턱에 걸려 넘어졌다. 3번 연속 과장 진급이 누락되자 나후진 씨 스스로 결단을 내려야 했던 셈이다. 그렇게 작은 회사로 옮기게 되면서 대신 과장이라는 직급을 얻었다. 그리고 다시 시작이다.

출근하기 며칠 전, 속상한 마음을 술로 달래며 유일하게 믿는 선배에게 하소연을 했다. 남들 다하는 과장을 왜 나만 못하는 것이며, 이렇게 도망치듯 회사를 옮겨야 하는 것일까. 왜 사람들은 나를 싫어할까, 왜 내가 잘해줘도 나는 그만큼 돌려받지 못할까.

작은 광고대행사에서 팀장으로 꿋꿋하게 직장생활을 하는 Y선배가 비율도 잘 맞지 않는 폭탄주를 만들며 말했다.

"이번 직장이 아니면 다시 옮기면 돼. 일단 그 부담에서부터 자유로워져야 해. 네가 너를 구속하지 마. 제일 바보 같은 짓이야. 그리고 남들이 싫어하면 그러라고 그래. 어떻게 모든 사람들이 다 너를 다 좋아하겠어? 남들이 싫어하면? 그게 또 무슨 상관이야? 너는 싫은 사람 없어? 피차 마찬가지야. 어차피 일로 모인 사람들이 각자 일하면 되는 거지. 회사 안에서 우정이니 가족이니, 그런 건 다 아마추어들이나 하는 소리야."

선배는 폭탄주 제조에 자신이 붙었는지 빨리 잔을 비우라고 재촉한다. 이모를 불러 골뱅이무침에 조개탕을 추가한 선배는 말을 이었다.

"네가 상대에게 뭘 해주면서 비슷한 만큼 돌려받길 바랄 거면 애초에 해주지를 마. 당연히 돌려받아야 한다? 인간관계에서 그런 건 없어. 도와주고 싶으면 도와주고 싫으면 말고. 네 마음이 가는 대로 해. 그리고 상대에게 뭘 해줬다는 사실을 잊어버려. 그게 네 마음을 보호하는 가장 좋은 방법이야. 그리고 말이지. 내가 취해서 하는 말인데, 사람 신경 쓰지 말고 일에 집중해. 왜 네 평가가 3년 내리 꼴등이겠어? 실력으로 승부 해. 그 에너지를 잃지 마. 친하다고 인사고과 잘 주겠어? 네가 집중해야 할 건 회사에서 인간관계가 아니고 네 일을 잘하는 거야, 인마. 이젠 과장인데 일에나 신경 써. 다른 건 그냥 그러라고 해. 그냥 신경 꺼!"

세상 사람들이
나를 다 좋아할 수는 없다

1. 누군가는 나를 싫어한다

그냥 주는 거 없이 싫은 사람이 있다. 그냥 안 예쁘다. 누구에게나 그런 사람이 있을 수 있다. 그런데 나도 누군가에게 그런 존재가 될 수 있다. '아, 저 사람은 내가 별로구나'라고 느낄 때 어떻게 해야 할까? '아, 그러세요~?'하고 받아들이면 된다.

특히 직장에서는 그런 마음이 충분히 나의 방어막이 된다. '모든 사람들에게 사랑받고 말겠어'라는 생각은 집어치우자. 같이 일하는 사람들에게 기대 이상의 동의를 받는다면 그걸로 만족하면 된다. 몇몇 반대하는 사람의 동의까지 받으려 기를 쓸 필요는 없다. '저 사람은 내 생각과 다르거나 내가 싫구나, 오케이 어쩔 수 없지!'하고 쿨하게 외쳐보자.

지구에서 혼자 살 수 있는가? 당연히 없다. 그러면 누군가와 부대끼며 사는데 상처를 주고받게 되는 건 당연하다. 좋아하는 사람에게도 가까운 사람에게도 상처는 준다. 그럴 때는 '그럴 수도 있지. 그게 산다는 거지'하고 스스로를 다독이며 단 한 번도 서로 상처 주지 않는 관계는 없다는 사실을 인정하자. 오히려 가까운 사이일수록 상처받기 쉽다. 같은 부서 팀장에게 상처받지, 옆 팀 팀장에게 상처받을 일은 별로 없다. 내 남편 때문에 열받지, 앞집 남편 때문에 열받을 일이 별로 없는 것과 마찬가지다.

그렇다고 나는 상처를 받기만 하는가? 아니다. 당연히 남에게 상처 준다. 직장 상사도 상처를 주기만 하는 사람이 아니다. 후배들 때문에 마음고생을 한다. 다만 창피해서 말을 안 할 뿐이지. 직장 상사도 '나를 무시하나?', '왜 저런 말을 하지?', '내가 무능해서 얕보였나?' 등등 그런 생각이 꼬리에 꼬리를 문다. 그럴 때면 상사 역시 '뭐 그럴 수도 있지'하고 넘어갈 것이다. 사람이 서로 부대끼며 살면서 서로 이런저런 상처를 주고받는 것은 당연한 일이고, 상처에 어느 정도 무뎌지는 방법을 익히는 것도 삶의 지혜다.

3. '그러라고 그래~'

어떤 이들이 타인과의 관계에서 눈치 보지 않고 '그러라고 그래~'라고 말할 수 있을까? 바로 내 소신대로 사는 사람들이다.

당신은 후배들에게 인기 많은 선배이다. 그 인기를 질투하는 동료가 이렇게 말한다.

"너 왜 그렇게 애들한테 질질 끌려다녀? 선배의 권위를 좀 지켜!"

이때 생각해보자. '내가 정말 끌려다니나?' 객관적으로 판단할 때 나의 태도는 유연한 리더십이다. 나의 태도에 별문제가 없다고 판단될 때는 상대를 설득하려 하지 말고 '너는 그렇게 해라. 나는 나의 길을 간다'는 태도가 필요하다. 이럴 때 마음속으로 한 번 해볼 말이 바로 '그러라고 그래~'이다. 이 말은 '그건 네 생각일 뿐이고, 나는 나의 길을 가런다~'라는 의미를 함축한 탄탄한 멘탈이 담긴 표현이다.

4. 인간관계에서 당연한 건 없다

'내가 너한테 어떻게 했는데…….' 뒤통수 맞은 듯 분하고 서운한 마음은 왜 드는가? 나는 100만큼 너에게 했는데 왜 너는 50으로 돌려주느냐가 가장 큰 원인이다. 100 주면 100 오는 게 당연한가? 그렇지 않다. 인간관계에서 당연한 건 없다. 나는 100 줬다고 생각하는데 상대는 50만큼 받았다고 생각할 수도 있다. 밥 사 먹여, 술 사 먹여, 용돈까지 주며 어려운 시절을 돌봤던 후배가 자리 잡고 나서 연락 한 번 없다고 배은망덕하다고 욕할 일이 아니다. 말 못 할 사정이 있거나, 선배가 해준 것들을 그리 대단하다고 여기지 않을 수도 있다. 내가 생각하는 당연함이 후배에게는 당연하지 않을 수도 있다는 사실을 깨닫는 것. 이것이 인간관계의 외줄타기에서 성공하는 고수들의 태도다.

5. 그래도 상처받는다면

그래도 타인이 '나를 싫어한다'는데 상처받는다면, 부디 그 점에 매몰되어 고민하고 시간낭비하지 말자. 그로 인한 빠른 상처 회복에 집중할수록 내게 유리하다. 주로 사람과의 관계에서 상처받으면 사람을 안 만나려 한다. 사람들과 어울리기를 두려워한다. 또 상처받을까 봐. 그러면 그럴수록 악순환이다. 그런 때일수록 인간관계에서 받는 상처는 언제나 있을 수 있는 당연한 일로 여기며 사람들과 어울리기를 주저하지 말자. 사람들과 어울리며 극복해야 진전이 있다. 지금 당장 받은 상처에 머무르거나 그로 인해 타인과의 관계에서 후퇴하는 건 나 자신을 돌보는 방법이 아니다.

좋은 사람이 아닌
강한 사람이 되어야 하는 이유

✦

'이런 게 바로 의문의 1패라고 하는 건가?'

나는 어처구니가 없는데, 사람들이 손뼉을 쳐가며 웃어대는 바람에 어정쩡한 표정만 짓는 연수 씨. 칼칼한 동태탕으로 점심 잘 먹고 몇몇 동료들과 함께한 커피타임이었다. 연수 씨 자리에 물이 엎질러진 걸 보고 박 대리가 연수 씨에게 냅킨을 건넨다. 이걸 본 장 주임이 장난기 가득한 목소리로 말한다.

"어머 박 대리님 연수 씨 좋아하나 봐~."

평소보다 한 옥타브는 높은데다 콧소리까지 섞인 장 주임의 말이 거슬리는데 김 대리가 한술 더 뜬다.

"에이, 박 대리 여자 보는 눈 높아~."

'엥? 대체 무슨 뜻이야?!' 무슨 표정으로 그 자리에 있었는
지 기억도 안 난다. 집에 와서도 가슴에 뭐가 얹힌 듯 계속 답
답하고 묵직하다. 그리고 마음속 깊은 데서 치밀어 오르는 이
울화를 어쩌면 좋을까? 내가 그렇게 만만한가?

유독 선배들은 연수 씨 놀리기에 재미 들린 사람들처럼 경
쟁하듯 연수 씨에게 농담을 던진다. 다른 동기들에게는 하지
못하는 농담도 서슴지 않는다. 이번 일만이 아니다. 회식 때는
밑도 끝도 없이 갑자기 개인기 뭐 없냐고 사람을 당황시키더
니 '에이, 노래라도 해야지. MZ세대가 깨발랄해야지. 실망인
데'라는 소리를 주저 없이 던진다. 삼겹살을 굽다가 소주병에
숟가락 꽂아 즉석에서 노래하는 것이 깨발랄하고 기대에 부응
하는 MZ의 모습인가? 왜 다른 동기들한테는 시키지 못하는
일을 연수 씨에게는 당당하게 놀리듯 요구하는 걸까.

그런데도 연수 씨는 그 자리에서 발끈 화내지 못한다. 남들
은 웃는데 나 혼자 정색하면서 화를 내면, 자신에게 그런 말을
한 사람이 얼마나 당황할지, 또 주변 사람들의 어색해진 분위
기를 감당할 자신이 없다.

연수 씨는 남에게 싫은 소리 하기를 극도로 어려워한다. 싫은 소리는커녕 누군가의 부탁을 거절하는 것도 그녀에게는 난이도 최상급의 시험 같다. 그런 연수의 약함을 잘 아는 직원들은 어렵고 귀찮은 일은 그녀에게 떠넘기길 서슴지 않는다.

도저히 들어줄 수 없는 무리한 부탁을 당당히 하는 것도 어이없는데 어느새인가 부탁을 거절하는 자신이 상대에게 사정사정하며 빌고 있을 때도 적지 않다.

"선배님, 제가 해드리기 싫어서 그런 게 아니구요…… 부장님께서 시키신 일도 있고, 내일은 병원 예약이 있어서 야근이 안 되거든요……."

이렇게 사정하면 상대는 마치 선심 쓰듯 "그래 알았어"하고 냉담하게 가버린다. 대체 어디서부터 꼬인 걸까. 나만 이렇게 직장생활이 힘든 건가. 연수 씨가 요즘 매일같이 하는 생각이다.

팀장님도 그렇다. 가만히 보면 자기만 만만히 여긴다. 연수 씨가 무언가 잘못하면 남들에 비해 더 큰소리로, 더 심하게 질책한다고 느끼는 건 자신의 피해의식일까 아니면 자신이 팀장님의 만만한 화풀이 대상이어서일까.

'좋은 게 좋은 거지'하고 생각하며, 다른 사람들과 잘 지내고 싶은 마음에 사람들을 너무 무방비하게 대해왔지 싶다. 이미 그렇게 자신에 대한 이미지가 굳어졌고 이제와서 뭘 어떻게 해야 하는지, 연수 씨로서는 막막하기만 하다.

이직을 해서 처음부터 다시 시작해야 하나 아니면 회사라는 곳이 자신과는 원래 맞지 않는 곳이었을까…… 연수 씨의 고민은 끝이 없다.

영양가 없이 좋은 사람 NO!
타인이 만만하게 보지 않는
강한 사람이 되려면

1. 스마트한 거절

미리미리 거절 잘하는 사람이라는 이미지를 심어주는 게 중요하다. 처음에 거절하기가 어려워 미적거리다가 나중에 큰 문제가 생기는 경우가 많다. 포인트는 정중하고 심플하게 거절하는 것. 거절할 때 이유를 부연 설명하면 거절이 아니라 변명하거나 도리어 내가 부탁하는 것처럼 보인다.

'제가 하기 싫어서 그런 게 아니구요', '지금 부장님이 시키신 일도 있고요'가 아니라 '지금은 프로젝트 마감 때문에 어렵습니다'하고 정중하지만 단호하게 말하라.

여기서 또 하나의 팁. 이왕이면 둘만 있는 자리에서 거절하자. 여러 사람이 빤히 보고 있는데 '어렵습니다'하고 거절하면 아무리 정중하게 얘기해도 당혹감에 얼굴이 빨개질 수 있다. 그리고 상대에게 당신의 부탁이 싫어서 거절하는 것이 아니라는 점을 알려주려면 거절하기 전에 '평소 당신의 호의에 나도 감사하고 있다'는 메시지를 전할 필요가 있다. 이런 과정을 거쳐 정중하게 아닌 건 아니라고 거절해야 한다.

2. 습관적인 겸손은 NO!

회사에서 습관적으로 '죄송합니다', '감사합니다', '괜찮습니다' 같은 말을 남발하면 자기만 힘들어진다. 결재받으러 가면서도 말한다.

"죄송합니다, 팀장님. 결재 부탁드립니다."

대체 뭐가 죄송할까? 이런 습관은 사람을 만만하게 여기게 만든다.

영업팀 김 대리가 마케팅팀 박 과장에게 가면서 '과장님 죄송한데요, 이것 좀 봐주시겠어요?'라고 말하는 건 예의와는 관계가 없다. 그냥 쓸데없는 말버릇이다. 이런 말버릇이 결국 나를 만만하게 보이게 만든다.

'전 괜찮아요. 진짜 괜찮아요. 신경 쓰지 마세요'라고 강조해서 말하는 건 진짜 내 마음이 괜찮을 때만 말하라. '어쩜 저렇게 말하지, 사람 당황하게……'라고 생각했다면 "아, 당황했습니다. 그렇게 말씀하셔서요"라고 분명하게 말해야 한다. 자신이 느낀 감정을 정확하고 단호하게 표현할 때를 구분할 줄 아는 것이 직장생활의 지혜다. 이것은 저절로 알게 되거나, 알게 되었다고 벼락치기로 외워서 할 수 있는 일이 아니다. 꾸준히 연습해서 습관적으로 나를 낮추는 겸손의 말을 버리고 단호하게 상대의 무례를 무례라고 말할 때 마음의 근력이 키워진다.

3. 자신의 마음을 명확하게 표현하라

내 감정의 선을 명확하게 표현해야 만만해 보이지 않는다. 대부분의 사람들은 함부로 대하기 어려운 사람은 만만하게 보지 않고 선을 넘지 않으려 조심한다. 그러니 상대가 내 심리적 안전구역을 넘어섰을 때는 바로 표현해 내 자신을 보호하자.

직장 상사가 자기가 신경질이 나면 아무렇게나 히스테리를 부리다가 점심 먹으러 가서는 농담하며 웃고 오후에 또다시 신경질을 부린다면, 그럴 때마다 아무렇지도 않은 척 다 받아줄 필요가 없다. 자꾸 마음에 쌓다 보면 나만 병 된다. 정색하고 내 마음을 표현해보자.

"계속 그렇게 부당하고 무례하게 말씀하시면 제가 당황스럽습니다. 직장생활에 회의감이 들어 의욕이 떨어집니다. 열심히 잘 일할 수 있도록 도와주십시오. 부탁드립니다."

이후에 벌어질 일은 걱정하지 않아도 된다. 내 마음을 보호하지 못하는 게 큰일일 뿐, 보호하느라 낸 용기는 반드시 상황을 더 좋은 방향으로 끌고 간다.

친할수록
절대 하지 말아야 하는 착각

일 년 안에 친구를 사귀기는 어렵지만,
한 시간 안에 친구를 잃을 수는 있다.

– 중국 속담

T엔지니어링의 김 부장은 요즘 부쩍 사람들과 오래 잘 지내
는 게 제일 어려운 일이라는 생각이 든다. 서글서글하고 원만
하다는 이미지가 김 부장을 대표한다고나 할까. 그래서 누구와
도 빨리 친해지고 둥글둥글 잘 지내는 편이다. 그런데 나이가
들면서 무엇이 바뀐 건지 언제부턴가 자기 주변에서 사람들이
자꾸 빠져나간다는 느낌이 든다. 예전엔 잘 지내던 후배들도
서먹해지고 뭔가 도와주고 싶어서 다가가도 꺼리는 눈치다. 못
내 섭섭하다.

기분이 울적해서 옆 부서 동료인 차 부장에게 저녁이나 같
이하자고 했다. 회사 근처에 요즘 오픈한 가게들을 보며 "다들

나처럼 울적한가? 술집만 생기네"라는 농담을 하면서 차 부장과 쭈꾸미집으로 향한다.

"그럼 언제까지고 주변에 사람이 북적일 줄 알았어? 이놈의 인기는~ 어쩌고 농담할 때가 그립다는 거야? 나잇값 하자, 이 사람아."

불판의 쭈꾸미를 뒤적이며 벌써 차 부장은 김 부장을 놀려대기 시작한다.

"그렇다는 게 아니고 예전 같지 않으니 좀 허전하다는 거지. 요즘 젊은 애들은 살가운 느낌이 없어. 회사에 대한 충성심도 예전 우리 같지 않고. 다들 너무 이기적이라니까. 말이 나와서 하는 말인데……."

기다렸다는 듯 털어놓는 김 부장의 이야기에 차 부장은 빙그레 웃으며 술잔을 기울인다.

김 부장이 요즘 겪는 회의감은 이렇다. 그의 오른팔임을 자처하는 박 과장. 벌써 10년 세월을 함께했다. 강산도 변한다는데 그것도 한 부서에서 쭉 동고동락했으니 사실 형제보다 더

찐한 사이라고 할 만큼 김 부장이 좋아하는 후배다. 아끼는 만큼 유능하다. 김 부장이 대리에서 과장으로 특진까지 시켰다. 박 과장과 일을 하다 보면 다른 직원들 일하는 건 답답해서 봐줄 수가 없다.

'그거 저쪽으로 보냈어?'라고 말하면 알아듣는 사람은 박 과장뿐이다. '어떻게 됐어?'라고 물어도 일사천리로 대답이 나오는 건 역시 박 과장이다. 다른 직원들은 똑같은 일을 함께 진행하고 있어도 김 부장의 질문에 '그거라면 뭘 말씀하시는지?' 또는 '뭐가요?'라고 말하면서 눈만 멀뚱히 뜬다.

개떡같이 말해도 찰떡같이 알아듣는 건 박 과장뿐이니 일은 자꾸 박 과장에게 몰렸다. 다른 직원에게 입 아프게 설명해야 일주일 붙잡고 있을 일을 박 과장은 한나절 만에 끝낸다. 그뿐인가. 미처 생각지도 못했던 부분까지 '이거, 이거 체크하셔야 합니다'라며 김 부장의 일까지 커버한다. 이러니 안 예뻐할 수가 있나. 문제는 김 부장이 예뻐하는 마음에 비례해 박 과장의 일이 점점 더 쌓인다는 것.

"요즘 그렇게 예뻐라 하는 박 과장이랑 사이가 별로라고 소문났던데?"

차 부장은 매운 쭈꾸미 때문에 땀을 뻘뻘 흘리면서도 수저를 놓지 않는다.

"맛은 있는데 너무 맵군."

불평을 하며 계란찜도 추가한다.

"바지락탕도 먹을까?"

메뉴판을 훑어보는 차 부장에게 김 부장은 부아가 치민다.

"누가 그래? 사이가 별로일 게 뭐 있어? 박 과장이 괜히 제 풀에 삐져서……."

 말은 그렇게 하지만 마음에 걸린다. 지난달에 경력사원이 하나 입사했다. 일을 곧잘 한다. 김 부장은 낯을 많이 가리는 성격이라 그 경력 사원에게 특별히 잔소리를 하거나 지적을 하지 않았다. 그게 아마 박 과장의 기분을 상하게 한 모양이다. 사실 박 과장을 업무 면에서는 믿고 있어서, 잘하는 건 당연히 잘하는 거고 어쩌다 잘못하면 싫은 소리를 심하게 했다. 다 친해서 가능한 일이었다. 하루는 박 과장이 볼멘소리로 김 부장에게 "저렇게 사고 치는 직원에게는 아무 말도 안 하시면서 제게는 왜 그렇게 인색하시냐"고 따져 물었다. 그때부터였다. 둘 사이에 서먹한 기운이 돌게 된 것이.

"상대가 당신 마음이랑 똑같을 거라 착각하지 마. 아무리 친해도 상대의 마음은 모르는 법이야. 10년을 함께 일했다고 그 사람의 마음을 어떻게 알겠어? 그건 아니야. 그러면 언젠가는 서로 삐걱거리게 돼 있어. 우리니까 괜찮다는 생각, 그거 너무 일방적이야. 박 과장 입장에서는 충성을 다하는 자신보다 새로 들어온 경력 사원에게 더 관대한 직장 상사가 불공평해 보이는 게 당연하지. 거기에 대고 우리는 친하니까 라는 평계는 비합리적이지. 박 과장은 그렇게 생각하지 않는다고.

당신이 박 과장을 동생처럼 아끼고 잘해주고, 음으로 양으로 도와주고 그랬으니 당연히 그 정도는 이해해야 한다고 생각하지 마. 직장에서 마음을 기브 앤 테이크 한다는 생각은 대단히 위험해. 김 부장은 박 과장에게 당신이 물심양면으로 도와서 과장 특진시켰다고 생색내고 싶지? 박 과장이 몰라주는 것 같아서 서운하지? 그만큼은 마음으로 돌려받아야 한다고 생각하잖아. 그게 바로 문제야. 박 과장이 그 공로를 당신이 생각하는 크기로 생각 안 할 수도 있어. 그래서 기브 앤 테이크 공식을 아무 때나 들이대면 위험해. 잘해준 건 잊어. 그게 직장에서 인간관계가 원만해지는 기본 요령이야, 이 사람아."

친한 사이일수록
절대 착각해선 안 되는 2가지

인간관계에 있어서 가성비라든가 효율이라는 말을 사용한
다는 자체가 왠지 예의에 어긋나게 느껴지기도 한다. 하지만
누구나 한정된 에너지를 소모하며 인간관계를 관리한다. 따라
서 한정된 에너지를 보다 효과적으로 사용하려는 노력은 반드
시 필요하다. 좋은 인간관계를 위해 내 노력을 가장 효과적으
로 사용하는 방법은 바로 새로운 사람을 만나기보다 원래 친
한 사람들과 더 견고하고 건강한 관계를 유지해가는 것이다.
누군가와 만나 친하게 되기까지는 시간이 걸린다. 그 새로운
사람과 친해지느라 원래 친한 사람들과 소원해진다면 그건 '밑
지는 장사'다.
　그런 의미에서 친한 사이에서는 절대 하지 말아야 하는 것
은 무엇일까?

'우리가 함께한 세월이 얼만데, 말 안 해도 당연히 내 맘 알지? 내 마음이 네 마음.'

두 손가락으로 하트까지 만들어가며 내 마음과 상대의 마음이 같을 거라고 생각하는 건 대단히 위험하다. 내가 상대에게 기대하는 대로 상대가 움직여주지 않는다고 실망해서는 안 된다.

내 업무도 벅차서 끙끙거리고 있는 와중에 친한 동료 박 대리가 울상이 되어 데이터가 다 날아가서 다시 작업해야 하는데 도와줄 수 있느냐고 묻는다. 도저히 시간을 뺄 수 없는 상황이지만 10년지기 박 대리의 청을 거절할 수 없어 박 대리를 도와주다 결국 내 보고서의 데드라인을 못 지켜 직장 상사인 최 팀장한테 싫은 소리를 들었다.

문제는 그다음에 벌어진다. 내 업무에 예상치 못한 변수가 생겨 협업이 필요한 상황에서 당연히 박 대리에게 급하게 서포트를 요청한다. 그러나 박 대리는 자신의 업무가 바쁘다는 이유로 냉정하게 거절한다. 이때 '내가 너에게 어떻게 해줬는데 나의 청을 이렇게 단칼에 거절하느냐'고 흥분해봐야 소용없다.

사람들의 마음은 다 다르다. 나의 일을 희생하면서까지 친한 동료를 도와야 한다는 건 내 생각일 뿐, 박 대리는 자신의 일을 방해받으면서까지 동료를 돕기는 어렵다고 생각하는 것이다. 내 마음과 똑같지 않다고 해서 상대에게 실망하거나 배신감을 느낀다면, 그 감정은 상대가 잘못해서가 아닌 나의 미성숙함 때문이다. 아무리 친한 사이더라도 사람은 서로 다른 마음, 서로 다른 생각을 가지고 있다는 사실을 알아야 한다.

2. 우리 사이니까 괜찮다는 착각

서로 좋은 사이면 더 조심해야 하는데, 보통은 친할수록 조심하지 않는다. 이렇게 상상해보자. 친한 사람을 비싼 도자기, 보물급의 유리화병으로. 그렇게 생각하면 대할 때 얼마나 조심스러울까? 비싼 물건인데 깨지거나 금이라도 가면 큰일 아닌가. 친한 관계를 편한 관계라고 생각하지 말자. 친한 관계는 귀한 관계이다. 따라서 좋은 사람, 가까운 사람에게는 더 조심하려고 애를 써야 한다.

오래된 관계에도 '선'이라는 것이 분명 존재한다. 오래된 관계일수록 서로를 존중하는 마음이 바로 건강한 관계의 '선'이다. 몇십 년을 좋은 벗으로 지내면서도 서로 말을 놓지 않는 사람들이 있다. 건강한 관계의 선을 지키기 위함이다. 편한 사이라고 함부로 말하고 챙겨야 하는 일을 제대로 챙기지 않고 때로는 무시하는 건, 비싼 도자기 들고 흔들다 깨뜨리는 것과 같다.

　다른 사람의 생일은 안 챙겨도 친한 동료의 생일은 챙겨야하는 이유다. '바쁜 거 뻔히 아는데 이해하겠지'하고 생각하지말자. 물론 상대도 이해는 할 것이다. 그러나 서운한 건 서운한거다. 친하다는 이유로 부모, 자녀, 배우자와의 갈등으로 고민하는 동료에게 '네가 나약해서 그렇게 휘둘리며 산다'고 말하면 아무리 진심으로 상대를 위해서 한 말이라도 상대는 마음에 금이 갈 수 있다. 특히 친한 사람의 가족에 대해서는 함부로이야기하지 말자. 그냥 들어주고 공감해주는 것으로 끝내라.조언하고 싶은 말이 있어도 꾹 참아라. 덜 말하면 후회도 덜 한법이다.

착한 사람이
손해 보지 않고 살아남으려면

김은혜 대리는 Q제약 관리팀 7년 차다. 주로 영업팀을 지원하는 일을 맡고 있다. 회사에서 쓰는 비품 발주 및 관리는 기본이고 복리후생에 관계되는 소소하지만 복잡한 업무도 김 대리의 몫이다. 처음에는 다른 부서 뒤치다꺼리만 하나 싶어 자신의 업무에 회의감도 느꼈지만, 이제는 아무리 작은 일이라도 회사에서 필요한 일이면 기꺼이, 잘해야 한다는 원칙을 가진 어엿한 중견사원이다.

문제는 회사의 규모가 커지면서 신입사원과 경력사원을 대거 채용하다보니 이전과는 회사 분위기가 너무 달라졌다는 점이다. 중견기업인 Q제약은 장기근속자도 많고 사내 분위기가 경쟁적이기보다는 전반적으로 우호적인 편이다. 일을 아주 잘 하기보다는 원만한 사람을 좋아하는 오너의 취향대로 둥글게 둥글게가 마치 사훈 같은 느낌이라고나 할까.

입사 때부터 그런 분위기에 익숙한 김 대리는 요즘 당황하는 일이 잦다. 일단 신입사원 후배들부터가 만만치 않다. 영업 팀에 들어온 직원들이 한참 선배인 김 대리에게 시도 때도 없이 지원을 요청한다. 그것도 아주 당당히. 영업을 위해 당장 필요하다면서 오후 5시가 지난 시간에 자료를 요청하지 않나, 억지를 부리며 아직 도착하지도 않은 물건을 퀵으로 다시 받게 해달라고 요청한다. 지금 당장 해주지 않으면 영업에 큰 손해라도 일어나는 양 호들갑을 떤다.

"대리님, 이거 해주시지 않으면 저 과장님한테 진짜 죽어요. 한 번만 봐주세요. 대리님, 아니 누나. 이번 한 번만요, 제발."

마음 약한 김 대리는 거절할 수가 없다. 담당 과장한테 죽는다지 않는가, 죽도록 내버려둘 수는 없지. 신입을 보며 대체 저런 버릇은 누가 가르친 건지 어이없어하다가, 이번에는 경력사원들 때문에 또 혀를 찰 노릇이 연달아 생긴다.

경력사원 중 김 대리와 동갑인 최 대리는 재무회계팀이다. 입사하자마자 옆 부서이면서 유일한 동갑이라 금방 친해졌다. 최 대리는 낯선 회사에서 김 대리를 많이 의지했다. 이것저것 묻기도 하고 점심도 자주 같이 먹었다. 주말에 같은 미용실에서 퍼머를 하고 맛집을 찾아다니기도 했다.

그렇게 한참 친해진 것까지는 좋았는데 이후 점점 최 대리는 무리한 부탁을 해오기 시작해 김 대리를 난감하게 만들었다.

"김 대리, 작년 ○○자료 좀 찾아줄래? 팀장이 당장 분석 리포트를 쓰라고 하는데 그게 있어야 할 것 같아서. 원래 내가 해야 하는데 김 대리가 하면 금방 찾잖아? 내용을 잘 아니까."

물론 김 대리가 하는 게 훨씬 빠르긴 하다. 히스토리를 꿰고 있으니까. 그러나 그 일은 최 대리의 일 아닌가? 의아하지만 '그건 내 일이 아니니 시간이 몇 배가 걸리더라도 최 대리가 하는 게 맞다'고 딱 잘라 말하기는 야박한 것 같다. 그래서 '그래, 이번 한 번만'이라는 심정으로 자료를 찾아 정리해주었다.

그런데 그 일은 한 번으로 끝나지 않았다. 시도 때도 없이 "네가 어디에 뭐가 있는지 빠삭하잖아"라는 이유로 자기 일 미루기가 계속되었다. 김 대리는 자기 일도 바쁜데 최 대리의 뒤치다꺼리까지 하느라 야근을 하게 되는 일까지 벌어졌다. 그런데도 최 대리의 부탁을 딱 부러지게 거절할 수가 없었다. '거절을 이제 네 일은 네가 좀 해라라고 받아들여서 기분 나빠하면 어쩌지? 친구 같은 동료가 겨우 하나 생겼는데 내가 거절해서 관계가 틀어지면 아깝잖아.' 그런 고민은 김 대리로 하여금 회사가 점점 재미없고 심지어 사람들을 피곤하고 부담스러운 존재로 느끼게끔 했다.

그러다 결국 사달이 났다. 연말이 다가오며 한 해 중 관리팀이 가장 바쁜 시즌이 시작되었다. 이때는 모든 직원들이 신경이 곤두설 대로 곤두선다. 그렇다고 해서 김 대리에게 동료들의 부탁이 줄어든 건 아니었다. 그녀에게 뭔가 부탁하면 제대로 도움받을 수 있다는 것이 이미 사내에 퍼진 공공연한 비밀이라 사람들은 으레 자기 일을 들고 김 대리를 찾았다. 업무는 쌓여가고 급기야 꼼꼼하기로 유명한 김 대리가 큰 실수를 하게 되었다.

팀장은 머리끝까지 화가 나서 "동네방네 호구 노릇하고 네 일은 말아먹으니 속이 시원하냐"고 호통을 쳤다. 그렇다. 회사 사람들에게 김 대리는 대놓고 호구였던 셈이다. 그걸 김 대리만 모르고 있었다. 머리를 한 대 맞은 것 같은 충격에 그제야 김 대리는 뭔가 자신을 정리해 봐야겠다는 생각을 했다.

그리고 이제는 누군가의 부탁을 거절해서 그 사람과의 관계가 어색해져도 어쩔 수 없는 일이라고 생각하기로 했다. 소 잃고 외양간 고치는 식으로 사고가 나고 욕을 먹고서야 정신을 차렸지만, 그래도 다시 외양간은 고쳐야 소를 키울 것 아닌가.

김 대리가 당연히 부탁을 들어줄 줄 알고 찾아와서 자기 일을 떠맡기는 동료에게 처음으로 "그건 안 되겠다"고 딱 잘라 말했을 때는 솔직히 마음이 불편하고 심장이 쿵쾅거리기까지 했다. 그런데 웬걸? "아, 알겠어요"라며 아무렇지도 않게 물러나는 게 아닌가. 그렇게 당연한 일을 무서워서 벌벌 떨었다니. 한 번 불편하면 해결되는 일이구나.

이후 김 대리는 되는 것, 안 되는 것을 구분해서 분명하게 거절 잘하는 사람이 됐다. 당연히 나이스한 거절 후에 걱정했던 보복 같은 일은 일어나지 않았다. 오히려 그 후로 누구도 함부로 김 대리에게 부당한 부탁을 하지 않았다. 함부로 대할 수 없는 존재로 거듭난 셈이다.

이렇듯 직장생활에서 적어도 한 번은 마음 불편한 매듭이 필요하다. 그래야 직장생활이 편해진다. 김 대리를 위한 가장 좋은 매듭은 바로 거절이었던 것이다.

프로답게 거절 잘하는
마음 습관 3가지

자신이 거절을 잘 못하는 이유가 착해서, 마음이 약해서라고 오해하지 말자. 그저 거절에 대해 마음 훈련을 하지 않았기 때문이다. 타고나기를 거절 잘하는 사람은 없다.(물론 싸가지 없는 말로 면전에서 거절하고 빛의 속도로 손절당하는 소수의 사람은 제외하자.)

마음이 약하고 인정욕구가 강해서 남에게 잘 보이기 위한 집착이 강한 사람일수록 남의 부탁을 잘 거절하지 못해서 본인이 힘들고 결국은 타인과의 관계를 망가뜨린다. 프로답게 잘 거절하는 방법을 연습해야 본인이 원하는 자기 이미지와 관계를 지속할 수 있다.

1. 건강한 거리감을 안다

가끔 드라마에서는 지구상에 존재할 것 같지 않은 찐우정이 등장한다. 그 모습에 시청자들은 열광하고 부러워한다. 현실의 자신에게는 없는 친구와의 우정과 의리에 대한 판타지를 보며 대리만족을 느낀다. 그리고 저런 친구 하나 만들지 못하면 인생에 의미가 없다고 생각하고는 친구나 직장 동료와 찐우정 만들기에 돌입하는 경우도 많다.

그러나 문제는 여기서 발생한다. 드라마는 드라마, 현실이 아니다. 드라마에서는 형제, 부모보다 더 가까운 친구가 등장하지만, 현실에서 이렇게 관계에 집착하다 보면 서로가 유지하는 건강한 선을 넘게 되고 상대는 이를 받아들이지 못하고 대부분 뒤로 물러난다.

예를 들어 직장 상사가 경력으로 입사했다. 직속 상관이기에 회사의 히스토리, 사람들의 분위기, 주의해야 할 사항들을 디테일하게 알려줬다. 그뿐인가. 임원들 취향에 맞는 보고서 스타일과 어두운 사내 정치의 이면을 현장 중계하듯 설명했다. 한마디로 '입 안의 혀처럼' 바싹 붙어 정성껏 보필했다. 몇 개월 후 그들의 관계는 어떻게 되었을까?

당연히 그리 좋지 않다. 사람이 타인에게 무작정 잘해주는 데도 한계가 있다. 처음에는 잘해주다가 자기 능력에 한계를 느껴 점점 잘해주는 수준과 배려가 덜해지면 상대는 서운해

한다. 상대가 '변했네', '달라졌네'라고 느끼는 순간 나의 헌신은 빛이 바랜다.

남에게 잘하는 것도 적당한 거리를 지키면서 하는 것이 중요하다. 사생활에 대한 호기심, 참견, 조언도 그 거리감을 지키지 못해 선을 넘게 되면 항상 말썽이 난다. 남에게 무조건 잘해주면 무리한 부탁을 거절하기 어렵다. 그래서 건강하게 거리감을 유지하는 사람은 거절도 자연스럽게 할 수 있다. 무작정 잘해주다가 갑자기 거절하면 상대도 당황하지 않겠는가?

2. 갈등을 두려워하지 않는다

타인과의 관계에서 갈등을 일으키는 걸 좋아하는 사람은 없다. 그러나 기억해야 할 점은 갈등은 해결하라고 존재하는 것이다. 타인과 함께 살아간다는 건 사람 사이에 일어날 수 있는 갈등을 감수한다는 의미이다. 갈등을 무서워하고 회피하려고만 하는 사람은 이미 거절 자체에 대한 두려움도 함께 느끼기 때문에, 어떤 상황에서도 NO라고 이야기하기가 힘들다. 상대와 생각하는 바가 달라 문제가 생겼을 때는 이를 두려워하며 회피하려 하지 말고 부딪쳐 해결하려는 마음이 앞서야, 때때로 부딪히게 될 거절의 상황을 자연스럽고 건강하게 받아들일 수 있다.

선배가 나에게 떠미는 귀찮은 업무는 나의 업무가 아니니까 자연스럽고 당당하게 거절해야 하는데, 평소에 선배와 어떠한 갈등도 겪고 싶지 않다고 생각하고 있으면 막상 부탁을 받았을 때 스트레스 가득 찬 상태에서 한숨을 쉬며 그 일을 하고 있는 자신을 발견한다.

물론 착하다는 소리는 들을지 모르지만, 나의 업무와 선배가 떠맡긴 일까지 완벽하게 소화할 수 있을까? 결국 갈등을 두려워한 탓에 업무완성도를 떨어뜨려 나에게 올 기회를 잃게 될 수도 있다. 무능한 사람이라는 꼬리표는 덤이다.

3. 이제부터는 '잘' 표현한다

'말 안 해도 알겠지'라는 생각, 착각이다. 말하지 않으면 모른다. 사람들은 누구나 자기 위주로 생각하고 판단하기 때문이다. 예를 들어 내가 순둥순둥한 이미지로 직장 상사에게 다소 만만하게 여겨진다고 해보자. 불만이 있어도 말하지 않고 혼자 어려운 일을 하면서도 상사가 내 마음을 다 알아주겠거니 생각하는 건 큰 착각이다.

순해 보이는 직원에게 개인적인 일을 떠맡겼더니 불만 없이 대신해주는 걸 본 직장 상사. 그가 사리 분별 못하고 이기적인 사람이라면 또다시 그 직원에게 사적인 심부름을 시키고 이후 이런 부조리한 일이 반복될 가능성이 크다. 맘 착한 직원 입장에서야 '내가 바쁜 거 우리 상사가 알겠지', '내가 이런 일 때문에 힘들어하는 걸 상사가 설마 모를까'라고 생각하지만, 상사는 절대 모른다.

그래서 표현이 필요하다. 내가 지금 느끼고 있는 감정, 내가 잘못되었다고 생각하는 부분을 정중하게 상대에게 잘 표현하는 연습을 시작하자. 혹시 이렇게 대놓고 표현하면 나를 미워하지는 않을까 하는 불안함은 갖지 않아도 된다. 오히려 겉으로 표현하지 않았을 때 내가 지속적으로 받게 될 불이익을 불안해하자.

강철멘탈 만드는
자기 훈련 루틴

직장생활은 변덕이 심한 날씨 같다. 잠시 날이 맑은가 싶으면 어느새인가 시커먼 구름이 몰려오고 느닷없이 천둥 번개가 내려친다. 낼모레 초여름인데 별스럽게 쌀알 같은 우박이 쏟아지기도 한다. 이렇게 종잡을 수 없는 날씨처럼 직장에서의 삶이란 고단하다.

Y렌탈의 진홍수 과장은 요즘 유난히 회사가 힘들다는 생각을 한다. 마음에 쨍하고 햇빛이 비치는 날이 거의 없다. 힘들 때마다 '어떻게 매일 좋은 날만 있겠어? 그게 더 이상하지. 흐린 날도 비 오는 날도 꼭 나쁜 것만은 아니야'라고 생각하며 버티고 있기는 하지만 사람들에게 유난히 상처를 잘 입는 그로

서는 마음을 다잡기 쉽지 않다.

진 과장은 회사에서 에이스로 인정받는 케이스는 아니다. 정확히 말해 평균에도 약간 못 미치는 평가를 꾸준히 받아왔다. 좋은 사람이긴 한데 너무 우유부단하다고 해야 하나. 일단 그는 남들에게 싫은 소리하는 걸 극도로 어려워한다. 상사에게는 물론이고 한참 어린 후배들에게도 마음 불편한 이야기는 아예 꺼내지를 못한다. 실수한 후배를 따끔하게 야단쳐야 할 때는 심장부터 벌렁거리고 손에 땀이 찬다. 그래서 직장생활이 많이 고단하다.

그런 진 과장이 멘탈 관리에 관심을 갖기 시작한 계기는 진급에 2년 연속 누락된 후였다. 보통 과장에서 차장으로의 승진율은 50% 정도이지만, 평균을 조금 밑도는 평가를 내내 받아온 터라 첫 번째 진급에서 떨어졌을 때는 그러려니 했다. 속은 쓰리고 아팠지만 어쩌겠는가. 가족들 볼 낯이 없지만 어쩔 수 없었다. 아내는 '임원 진급을 하는 것도 아닌데 참나, 일을 어떻게 하길래……'라며 속을 긁었다.

그러나 두 번째 진급이 누락되었을 때는 회사를 계속 다닐 수 있을까 하는 위기감이 들었다. 암묵적으로 두 번째 진급 누락은 알아서 회사에서 나가야 한다는 분위기가 조성되어 있기 때문이다. 그러나 퇴직은 준비는커녕 생각도 해본 적 없는 진 과장 입장에서 이렇게 갑자기 그만둘 수도 없는 노릇이었다.

기분도 울적하여 일찍 나선 퇴근길, 선배 김 팀장이 어깨를 툭 치며 웃는 낯으로 건너편 선술집을 가리킨다.

술잔에 찰랑 넘치도록 술을 따르는 김 팀장은 진 과장을 위로하고 싶었던 모양이다.

"진작 얘기를 좀 하고 싶었는데 괜한 참견 같기도 하고. 그런데 오늘은 둘이 한잔하니 좀 편하게 얘기해도 되지?"

김 팀장은 진 과장이 늘 안타까웠다고 한다. 이 사람이 부르면 거기 가서 하세월, 저 사람이 부르면 또 거기서 마냥 시간을 보내는 것이 진 과장의 업무 스타일이다. 진 과장은 자기가 필요한 일이라고 하면 기꺼이 도와주고 전심으로 챙겨줘야 한다고 믿는다. 게다가 자신이 좀 소홀하게 남을 대하면 그 사람이 혹시 삐지기라도 할까 그렇게 노심초사할 수가 없다.

한번은 옆 팀 김 부장이 부탁한 일이 시간이 부족해서 지체되었는데, 김 부장이 대뜸 "사람 그렇게 안 봤는데, 왜 이렇게 성의가 없어? 그거 내가 급하다고 했어, 안 했어?"하고 성질을 버럭 내는 통에 한 일주일 마음고생을 했다. 그 후로도 사무실에서 자신을 본 체도 안 하는 김 부장 눈치를 보느라 진이 다 빠지는 느낌이었다. 술도 한잔 마셨겠다, 둘밖에 없겠다, 진 과장은 김 팀장에게 한 번 시작한 하소연을 멈출 수가 없었다.

"저도 제가 맺고 끊는 걸 못 해서 시간 관리가 안 되는 거, 다 인정해요. 그러다 보니 정작 제 실적은 못 챙기고. 그런데 이 성격이 고쳐지질 않아요."

풀이 죽은 그를 바라보며 김 팀장은 한 가지 제안을 한다.

"진 과장, 성격을 고치려고 하지 마. 천성을 어떻게 마음대로 고치겠어? 그건 관두고 할 수 있는 만큼만 자기훈련을 해보면 어떨까? 마음이 약한 것, 남에게 휘둘리는 것, 이런 것도 다 멘탈의 문제인데 어느 정도는 훈련으로 커버가 돼. 운동해서 근육 키우는 거랑 다르지 않아."

다음날부터 김 팀장이 알려준 자기관리를 시작하기로 한 건, 이제 더 이상 물러설 곳이 없어서였다. 이 회사에서 살아남아야 한다. 그게 최선이다. 그러려면 내가 바뀔 수밖에 없다. 진 과장은 메모할 노트 한 권과 펜 한 자루를 전쟁터에 나가며 무기를 찾는 심정으로 바라봤다. 멘탈이 강해야 휘둘리지 않는다. 순두부처럼 말랑말랑한 마음으로 사람들에게 휘둘리다가 혼자 뒤처지고 루저가 되는 건, 여기서 멈춰야 한다.

멘탈이 강한 사람들의
자기 관리법

세상에서 제일 부러운 사람은?

멘탈이 강한 사람!

이렇게 대답할 사람들 참 많다. 유리멘탈을 넘어 내구성 제로의 쿠크다스 멘탈임을 한스러워하며 인간관계나 회사생활에 어려움을 겪는 이들은 어떻게 하면 멘탈이 좀 강해질까. 책도 사보고 영상도 찾아보지만 쉽지 않다. 가장 특효약은 매일 헬스장에 가는 기분으로 마음 근육을 튼튼히 하는 루틴이다.

1. 에브리띵 이즈 심플

멘탈을 유지하는 에너지는 각자의 용량이 있다. 자동차 휘발유처럼 하루에 쓸 수 있는 멘탈 에너지가 100이라고 치자. 그런데 출근하면서부터 마음이 불안해서 이미 에너지를 쓰고 있다면 어떨까? 오후 미팅 준비도 제대로 안 되어있고, 매출 실적 때문에 팀장이 온갖 히스테리 부릴 생각에 출근하면서부터 심장이 벌렁거린다면 이미 30 정도의 멘탈 에너지를 소모한 셈이다.

회사에 와서도 일은 많지, 일이 손에 잡히지는 않지, 이 사람 저 사람이 자꾸 불러대지, 그렇게 우왕좌왕하는 동안 멘탈 에너지는 또 달아난다.

이럴 때 어떤 방법으로 멘탈을 붙잡을까? 우선 모든 것을 심플하게 정리하려는 마음이 필요하다. 일단 자리에 앉아 노트를 펴고 메모를 시작하자. 날짜를 쓰고 지금 내 기분에 대해 3줄, 지금 걱정되는 일 3가지, 오늘 최우선으로 해야 하는 일 3개, 오늘 하고 싶은 일 3개. 머리가 복잡하고 불안할 때는 이런 식으로 노트에 정리한 뒤, 걱정되는 일 옆에는 화살표를 긋고 해결 방법을 자신에게 제시하는 메모를 하면 '별거 아니네'라는 생각이 들기 시작할 것이다. 막연한 불안과 걱정은 이렇게 메모를 통해 그리 큰 문제가 아님을 확인할 수 있다.

예를 들어 지금 내 기분에 대해서 '팀장이 나만 못살게 구는 것 같다'라고 적었다고 하자. 그러면 그 옆에 화살표를 긋고 '나를 싫어하나?'라고 쓰고 그 옆에 다시 화살표를 긋고 '싫어하라지 뭐. 같이 있을 시간이 얼마나 된다고. 천년만년 같이 일할 사이도 아닌데. 저 사람인들 스트레스가 없겠어? 저 사람도 힘들게 산다고 생각하자, 하하하!' 이런 식의 메모가 흔들린 나의 멘탈을 다시 회복시킨다.

그리고 이왕이면 오늘 하고 싶은 일에 집중해보자. '저녁에 참치 사서 아내와 함께 화이트 와인 곁들여 먹기'라고 써놓는다면 그 메모를 적는 순간 저녁이 기대되기 시작할 것이다. 잠시 시간을 내서 이런 메모 습관을 갖는 것으로 막연하게 불안하고 복잡한 머릿속이 단순해지고 현재 상황이 명확해진다. 상황이 명확하게 보여야 불안하지 않다. 세상만사가 그리 어렵고 복잡하게 꼬여있지는 않다는 사실을 깨달아야 한다. 대부분의 일은 다음 상황이 예측 가능하고, 그 해결이 생각보다 어렵지 않다. 복잡하고 불안하고 머릿속을 심플하게 글로 써서 확인하면 '까짓거 하면 되지 뭐'라는 마음이 든다. 복잡하고 불안할 때는 메모 습관이 명약이다.

2. 몰입

멘탈을 강하게 만드는 루틴 중에 최고는 자신감을 키우는 작업이다. 자신감이 없는데 멘탈이 강한 사람은 비정상이다.

자신감은 하루 이틀 무언가를 열심히 한다고 갑자기 생기지 않는다. 꾸준하게 원하는 목표에 몰입하는 것이 자신감을 키우는 가장 큰 요건이다. 매일 아침 한 시간씩 집 주변을 달리거나, 출근 시간 전에 회사 근처 카페에서 샌드위치를 먹으며 책을 읽거나, 업무 관련 자격증을 동료들 몰래 준비해서 취득하는 기쁨을 맛볼 때, 그런 때 바로 자신감이 붙고 그 자신감은 고스란히 강한 멘탈로 연결된다.

생각해보자. 회사만 오면 멘탈이 와사삭 부서진다고 투덜댈 일이 아니라 왜 멘탈이 부서지는 기분이 드는지, 그 원인을 정면으로 마주해야 한다. 팀장이 하반기 마케팅 전략안을 일주일 안에 제출하라고 명령했다고 치자. 그 순간부터 스트레스를 받는 직원이 있는가 하면 오히려 재미있겠다고 신나하는 직원이 있다. 이런 차이를 만드는 데는 여러 가지 요소가 있겠지만 가장 큰 요소는 자신감이다.

평소 자신의 업무에 집중한 직원이라면 마케팅 트렌드, 경쟁사 분석, 고객들 동향을 이미 파악하고 있을 터다. 안 그래도 하반기에 시도해 보고 싶은 아이디어가 있었는데 이걸 어떻게 설득할지를 고민하고 진도를 맞출 것이다. 그러나 자신의 일에 집중하지 않았던 사람은 이걸 언제 다하나, 뭘 해가도 트집 잡을 텐데 그러느니 차라리 위에서 아이템을 던져주는 게 시간 절약 아닌가 생각하며 스트레스를 받을 것이다.

살면서 내가 어떤 일에 포커스를 맞추고 몰입해서 성장을 이루어낼까를 고민하자. 예를 들어 다른 생각 없이 아침에 글쓰기를 한 시간씩 몰입해서 하는 사람은 자기 자신을 온전히 위할 줄 아는 사람이다. 운동이나 독서, 명상, 기도를 하면 자존감이 올라간다. 집중해서 나의 성장을 위한 시간을 보낸 사람은 마음이 단단하다. 불안하지 않다. 점점 나아지고 있다는 확신은 나의 멘탈에 가장 큰 힘이 된다.

STEP 2

지속가능한 관계를 위한

세련되게 화내기

'이놈의 회사
지금 당장 때려치울까!' 싶을 때

✦

"내가 그만둘 때 그만두더라도 저 새끼 그냥 두지 않을 거
야. 나 혼자 망할 것 같아? 회사에 다 까발려서 너 죽고 나 죽
고 다 죽어보자 그래!"

한쪽이 이미 숯검댕이로 변해버린 돼지갈비를 신경질적으
로 뒤집으며 박 대리는 목에 핏대를 세운다. 그도 그럴 것이
2년 동안 한 팀에서 지독히도 갈등을 겪은 김 팀장이 이번 인사
에서도 박 대리를 물 먹인 것이다. 과장 진급 대상자에게 2년
내내 최하위 인사평가를 했으니 원수가 되기로 작정하지 않고
서야 그럴 수가 있냐는 것이 주변 동료들의 수군거림이었다.

박 대리와 김 팀장은 더할 수 없이 안 맞는 사람들이다. 일

단 전형적인 MZ세대인 박 대리. 그 세대의 특성처럼 개인주의적이고 논리와 합리성을 중요시한다. 이에 반해 김 팀장은 본인의 나이에 비해서도 유난히도 한참이나 이전 세대에 빙의된 회사 문화 추종자라고나 할까. 항상 후배를 질책할 때면 '라떼는 말이야'가 추임새로 나왔다. 예를 들자면 이런 식이다.

둘이 함께 일한 초기부터 이어지는 스토리이다. 박 대리가 제출한 보고서가 영 마음에 들지 않았던 김 팀장이 아무 말 없이 다시 작성하라고 지시했다. 이에 박 대리는 어이없다는 표정을 지으며 "어디를 어떻게 고칠까요?"라고 물어보자 김 팀장의 질책이 랩 하듯 쏟아져 나왔다.

"다시 고치라면 고칠 것이지 대리 주제에 대드는 건가? 라떼는 말이야 고치라면 두말없이 네 하고 가서 고쳤어. 말대꾸 하는 법이 없었어."

이에 박 대리가 "아니 말대꾸하는 것이 아니지 않습니까? 잘못된 부분이 없는 것 같은데 고치라고 하시니 이해가 안 가서 말씀드리는 건데……"하고 대답하자 "이것 봐라? 눈 동그랗게 뜨고 그 태도가 뭐야?" 이제는 태도를 문제 삼는다.

이렇게 시작된 갈등은 점점 더 심해져 갔다. 김 팀장 입장에서는 박 대리가 눈엣가시였다. 한마디도 고분고분한 법이 없고 태도도 불손하기 그지없다. 자신의 대리 시절에는 팀장을 향해 거부의 제스처나 말을 한다는 건 생각할 수조차 없는 일이었다. 후배라면 당연히 복종하고 따라야 하는 것 아닌가? 그렇게 열 받다가도 혹여 리더십이 없다는 평가를 받을까 봐 울며 겨자 먹기로 "퇴근 후 술 한 잔 하지"라고 팀 전체에 제안하면 유독 박 대리는 선약이 있다며 기다렸다는 듯이 거절해 김 팀장을 더 열받게 만들곤 했다. 그리고 들리는 뒷얘기는 "직장 상사라고 해서 갑자기 저녁 모임을 제안하는 건 직원들에 대한 배려가 너무 없는 거 아닌가"하고 박 대리가 불평을 했단다!

그래도 내가 팀장이라고, 맘에 안 들어도 꾹 참고 뭔가 공통 화제를 만들어 친해져 볼 요량으로 박 대리의 SNS를 들여다봤다. 그리고는 박 대리에게 자연스럽게 "여자 친구야? 예쁘던데? 결혼할 사이야?"라고 물었다가 뜨악하게 굳어지는 박 대리의 얼굴에 '내가 또 뭘 잘못했나?'하고 당황했다. "그건 제 사생활이라서요……." 기분 나쁘다는 듯이 선을 긋는 박 대리의 대답에 김 팀장은 그 후로 관계를 회복해보겠다는 노력 자체를 접었다. 일을 잘하나, 말을 잘 듣나, 뭐 하나 마음에 드는 구석이 없는 박 대리에게 더 이상 신경 쓰고 싶지 않았던 것.

박 대리는 박 대리대로 노력하지 않았던 건 아니다. 누가 직장 상사와 대놓고 나쁜 관계를 유지하고 싶을 것인가. 팀장 때문에 출근할 때마다 우울해지곤 했다. 특히 일요일 오후가 되면 다시 일주일이 시작되는구나 하는 절망감이 엄습했다.

출근하면서도 오늘은 또 무슨 트집을 잡아서 사람을 괴롭힐지, 생각만 해도 손에서 땀이 났다. 어떻게 해서든 팀장에게 기분 나쁜 소리를 듣지 않으려고 나름 애를 써도 결국 무례하고 히스테리컬한 팀장의 말이 가슴에 비수처럼 꽂히지 않는 날이 없었다. 그렇게 힘들게 회사에서 버텼는데, 결국 김 팀장이 인사평가로 박 대리의 발목을 잡는 바람에 과장 진급에서 누락된 것이다.

진급에 실패하자 김 팀장 밑에서는 더 이상 희망이 없다고 판단한 박 대리는 퇴사를 결심했다. 돼지갈비를 구우며 소주를 아무리 들이부어도 분한 마음이 가시지 않는다. 박 대리의 동기들 대부분이 과장으로 진급이 된 마당에 계속 회사에 다닐 명분도 없고, 다니고 싶지도 않다. 대체 어디서부터 잘못된 것인가. 처음부터 김 팀장과 엮이지 않았다면 이런 힘든 과정을 겪지 않아도 되었을까? 술잔에 술이 차오를수록 박 대리의 울분도 서러움도 넘쳐난다.

직장에서 인간관계에
집착하지 않고 쿨하게 지내려면

1. 기대치 하향 조정하기

회사에 출근하면서 내가 회사 사람들에게 얼마나 기대하고 있는지 점검해 보자. 예를 들어 예전에 내가 상사에게 했던 대로 당연히 후배들에게 대접받아야 한다고 생각한다면 상당히 위험한 기준이다. 기대치를 하향 조정하자. 고객이든, 직장 상사든, 거래처든, 오늘도 누군가는 내 기분을 상하게 할 것이다. 그게 사회적인 인간관계이다.

일하고 돈 받는 관계가 어떻게 항상 즐거울 수 있을까. 자기가 원해서 하는 동호회 활동에서도 마음 상하는 경험을 하는데 전쟁터 같은 비즈니스 세계에서는 말할 것도 없다. 냉정하게 들리겠지만 결국 월급에는 욕먹는 비용까지 포함되어 있다고 생각하는 것이 옳다.

직장 상사는 일을 잘해서 내가 배울 점이 있어야 하고, 사람

보는 안목도 훌륭해서 나를 인정해주며, 선배답게 후배를 잘 배려할 줄 알아서 나의 직장생활에 윤기가 반지르르 흐르게 해줘야 한다는 기대는 망상에 가깝다는 걸 깨달아야 한다. 그렇게 마음을 비워야 직장생활을 즐길 수 있다.

2. 억지로 친해지려 하지 않기

직장생활을 하면서 몇 명의 동료들과 마음이 맞아야 정상일까. 전체의 절반? 삼분의 일? 정답은 단 한 명만 있어도 된다. 때로는 내가 다니는 직장 안에 단 한 명도 마음이 맞는 사람이 없는 경우도 있지만, 그게 내가 사회 부적응자라거나 조직이 비정상이라는 의미는 절대 아니다. 그냥 그럴 수도 있다.

문제는 조직에 반드시 마음이 맞는 사람이 있어야 한다는 강박을 갖거나, 함께 일하는 사람과 억지로라도 친해져야 한다는 생각을 한다면, 직장생활을 이어나가기 꾸역꾸역한 기분이 들 것이다. 일할 때 써야 하는 힘을 안 맞는 사람과 억지로 합을 맞추는 데 써봐야 힘만 들고 내 할 일에 집중하지 못하게 된다.

저 사람은 나랑 안 맞는구나 하고 딱 판단이 드는 사람과 억지로 친해지려 노력하지 말자. 안 맞는 사람을 너무 좋아하려 애쓰면 에너지가 많이 소모된다. 그냥 안 맞음을 인정하고 거리를 두자. 구태여 스트레스 받지 말자.

3. 모든 사람과 잘 지내겠다는 욕심 버리기

나를 싫어하는 사람에게 집중해서 그 사람이 나를 좋아하도록 잘 보이려 애쓰면 엄청난 정신적, 육체적 에너지 소모가 따른다. 그렇게 내 에너지를 소모하고도 결과는 그리 좋지 않을 것이다.

사람은 다 다르다. 그 다름을 인정하자. 나와 너무 다른 사람이라면 멀찌감치 서서 '아, 나랑은 정말 다르네'하고 쿨하게 인정하자. 그 사람과 굳이 잘 지내려 애쓸 필요 없다. 애써 잘 지내보려 노력했는데 상대가 나를 싫어한다면? 그렇다고 해서 공식적으로 적으로 돌려서는 안 된다. 잘 지내지 않는다는 의미가 서로 원수가 되라는 뜻은 아니다. 나를 싫어하는 사람도, 나와 너무 달라 잘 지내지 못하는 사람도 세상천지 가득이다. 왜? 사람이 너무 많으니까!

4. 사회는 냉정함이 기본값이다

사회에서 만난 인간관계의 기본값은 냉정함이다. 모든 관계가 제로에서 출발한다고 보면 된다. 어쩌다 사회에서 친구나

가족처럼 따뜻하고 멋진 사람을 만나면 인생의 선물이라 생각하고 귀하게 여기면 된다. 이해관계로 모인 사람들에게 우정과 애정을 기본값으로 깔겠다고 나서면 그것만으로도 관계에 대한 스트레스가 심해지고 상처를 자주 받는다. 제로에서 시작하자. 그러면 소소한 친절, 미소, 배려, 우정 등등 아무리 작은 것에도 감사할 수 있다.

아무리 욱해도
표내지 말아야 할 것

은행 다닌다고 말하면 "좋은 직장이네요"하고 열이면 열 다 부러워한다. 이어서 팀장이라고 덧붙이면 추임새 같은 감탄이 절로 나온다. 그야말로 능력자 워킹맘 김찬희 씨다. 자신의 직업에 지금껏 불만은 없었다. 능력 있는 마누라 믿고 몰래 주식으로 돈 까먹은 남편만 아니라면 나름 윤기있는 경제 사정이었을 텐데. 남들이 부러워하는 만큼 재정 상태가 좋지 않은 것만 빼면 그럭저럭 잘살고 있다고 생각했을 터다.

문제는 요즘 시도 때도 없이 화가 치밀어 오른다는 것. 갱년기라고 하기에는 자존심이 상하고, 번아웃이라고 하기에는 일이 적당히 많다. 그러면 대체 왜 감정조절이 안 되고 뒤에서 후배들에게 미친 마녀로 불릴 정도로 감정이 널뛰는지 알 수가 없다. 만성 피로 때문인지, 그 무섭다는 중2가 된 아들 때문인지.

오늘도 아침부터 후회를 곱씹고 있다. 학교 갈 시간이 다가오는데 일어날 생각을 않는 아들을 처음 두세 번은 좋은 목소리로 깨웠다. 아침부터 싫은 소리 해봐야 내 속만 상하지 싶어서 "경식아 학교 늦겠다. 일어나야지. 토스트 구워놨어"하고 불러도 들은 척도 안 하고 자는 아들을 이후 적어도 열 번은 넘게 깨웠다. 더 이상 출근 시간을 늦출 수 없어 현관문을 뛰어나가며 기어코 화를 쏟아냈다.

"학교도 다니기 싫고 공부도 하기 싫으면 다 때려쳐! 니 맘대로 살아! 엄마는 좋아서 출근하는 줄 알아? 다들 그렇게 하기 싫은 거 하면서 사는데, 너는 커서 뭐가 되려고 이 모양이니?"

얼마나 울화가 치미는지 소리를 고래고래 지르면서 화를 내는데 나중에는 목까지 메어온다. 얼굴이 벌게진 채로 출근을 했더니 회사는 상황이 더 가관이다. 평소에도 일을 깔끔하게 처리하지 못하고 간단한 일도 꼭 두세 번 손이 더 가게 만드는 김 대리. 사실 대리 직급까지 어떻게 왔는지가 미스테리하게 느껴질 지경이다. 아니나 다를까 이번에도 대형 사고를 쳤다.

대출이 불가한데 대출이 가능하다고 상담을 했단다. 고객은 "그 말만 믿고 계약을 했는데 이제 와서 대출이 안 된다고 하면 어떻게 하냐, 책임져라"라고 하면서 아침부터 울며불며 은행을 발칵 뒤집어 놓았다.

급한 대로 김 과장이 고객을 VIP룸으로 데리고 들어가 어찌어찌 사태를 수습하고 거의 너덜너덜 만신창이가 된 표정으로 상황과 후속 조치에 대해 보고한다. 그저 김 과장 하나 믿을 만하다.

결국 상황이 종료된 후에 김 대리를 불렀다. 김찬희 팀장의 특기는 모든 이에게 예외 없이 생각하는 바를 직선적으로 말하는 것. 그래서 직원들은 그녀가 부르면 긴장부터 한다. 이번에는 또 어떤 독설을 하려나.

"김 대리, 김 대리는 지금 자기 직급에 맞는 능력을 보이고 있다고 생각해?"

"……이번 건은 정말 죄송합니다."

"죄송하다는 얘기를 듣자는 게 아니잖아? 무슨 대리가 신입도 저지르지 않는 실수를 하는 거야? 예전부터 업무시간에 전화기 들고 밖으로 들락날락거릴 때부터 저러다 사고 치겠구나 싶어서 내가 불안불안했어. 대체 입사하고 지금까지 사고 친게 몇 번이야? 지지난달에 거래사 A사장 컴플레인도 김 대리 때문이지? 작년 연말에 미스커뮤니케이션으로 본사랑 일 엉키게 만든 것도 김 대리였지? 그뿐이야? 작년 초에는…… 어휴 말을 말자. 학교 어디 나왔다고 했지? 이래서 내가 블라인드 채용하면 안 된다고 그렇게 말했는데! 내가 이렇게 될 줄 알았어."

영업시간이 끝나고 고객이 없으면 자동으로 목소리 데시벨이 최고 수위가 되는 김찬희 팀장과 김 대리의 미팅은 거의 모든 부서에 생중계하는 수준이다. 다들 눈은 모니터에 가 있지만, 듣기 싫어도 다 들을 수밖에. 김 대리는 점점 더 얼굴이 벌게지고 애초의 죄송한 마음조차 다 사라졌다. '왜 저렇게까지 얘기를 하지? 저러니 미친 마녀라는 소리를 듣지'라는 심정으로 고개만 푹 숙이고 있을 뿐이다.

김찬희 팀장의 하루를 화려하게 마무리한 건 그녀의 남편이었다. 지친 몸을 이끌고 밤 10시가 다 되어 들어갔더니 남편이 대뜸 "바빠도 어머니한테 전화 좀 해. 어떻게 며느리가 되어서 시어머니가 병원 입원한 지 사흘이 넘었는데 전화 한 통을 안 해?"하고 신경질 섞어 팩 쏘아붙인다. 평소 같으면 대충 대꾸하고 말았을 것을, 오늘은 아침부터 일이 너무 많았다.

"내가 놀면서 그래? 당신은 우리 부모님한테 한 달에 한 번

은 전화해? 사람이 양심이 있어야지. 그렇게 공정함도 일관성
도 없어서 어떻게 회사에서 부장을 하는지 원. 직원들한테도
그래? 그렇게 자기 하는 건 생각 안 하고 대뜸 남 비난부터 해?
그 회사 참 자알~ 돌아가겠다."

　남편도 오늘 엄청난 하루를 보냈나 보다. 경비실에서 야간
소음 민원이 들어왔으니 조용히 해달라는 인터폰이 올 때까지
피로에 절은 맞벌이 부부의 고성은 계속되었다. 결국 "이혼해",
"그래, 그게 바로 내가 바라던 바야"라고 서로 책임도 못 질 막
말로 하루를 마감하고 각자 따로따로 침대에 쓰러졌다.
　김찬희 팀장은 오늘도 '나는 왜 이렇게 피곤한가, 분명 열심
히 사는데 왜 나는 욕을 먹는가, 왜 다들 나를 못 잡아먹어서
안달이고 나를 싫어하는 건지, 왜 나는 열심히 살아도 행복하
지 않은 건지…….' 머릿속은 복잡한데 답을 찾을 수 없어 답답
해하며 어느새 잠에 빠졌다.

화를 내면서도
관계를 깨지 않으려면

어디서 무슨 이유에서건 '욱'하는 일은 생긴다. 그렇게 화를 내고 나면 대부분 후회한다. 그래서 우리는 누구에게나 생기는 그 화가 나는 순간을 어떻게 받아들이고, 나 자신과 타인과의 관계를 지키느냐에 집중해야 한다.

일단 화를 내는 유형을 살펴보자. 계속 속으로 화를 쌓고 쌓다가 폭발하는 유형, 겉으로 말하지는 않지만 얼굴에 '나 화 났어'하는 티가 나는 유형, 계속 안으로만 쌓아두다 결국 화병나는 유형, 화날 때마다 숨김없이 주변에 온갖 스트레스를 풀고 '난 뒤끝은 없어'라면서 사람 환장하게 하는 유형도 있다.

뜬금없이 남에게 화풀이하는 상황이 누구에게나 있다. 당하는 사람 입장에서는 억울하다. 어디에서 뺨 맞고 누구한테 화풀이인가? 직장 상사에게 야단맞고 집에 가서 화풀이한다. 부부싸움하고 다음날 후배 직원들에게 야비하게 화풀이한다. 모두 스스로 감정을 지혜롭게 풀지 못해 그렇다. 자신의 감정을 어떻게 다루어야 할지 몰라서 그러는 거다. 내 감정을 성숙하게 잘 표현해야 그 사람의 수준이 올라간다. 공부를 잘하거나 돈이 많다고 사람의 품격이 올라가지 않는다. 부정적인 감정 컨트롤을 어떻게 하느냐가 관건이다.

1. feeling과 fact를 단호하게 구분한다

칼같이 이 둘을 구분하면 많은 문제가 해결된다. 모든 오해와 갈등은 사실과 내 느낌을 마음대로 뒤섞는 데서 비롯된다. 예를 들어 김 팀장이 김 대리를 불렀다.

"김 대리, 내가 어제 지시한 거 언제 되는 거야? 요즘 나사 풀린 거 같아. 왜 시키면 빨리빨리 피드백이 없는 거야? 정신 안 차려?"

듣고 있던 김 대리는 이게 웬 날벼락인가? 김 팀장이 임원한테 실컷 혼나고 나와 만만한 김 대리에게 화풀이하는 걸로밖에 볼 수 없다.

이때 김 대리는 팩트를 재빠르게 캐치해야 한다. 직장 상사에게 야단맞은 이유를 살펴보자.

① 임원한테 깨지고 나와서 화풀이
② 분명 데드라인은 내일인데 팀장이 착각

이것만 팩트 체크하고 데드라인이 내일이라는 점만 팀장의 흥분이 가라앉은 다음 다시 알려주면 된다. 이렇게 팩트에만 초점을 맞추면 어디서 뺨 맞고 와서 내게 화풀이를 하는 팀장의 좀스러움이 불쾌하고, 다른 직원들 다 있는 데서 팀장이 나에게 신경질을 내서 창피하다는 내 기분을 정확히 알 수 있다.

문제는 이 두 가지가 범벅이 되어서 기분이 팩트로 진화 · 발전한다는 점이다. 이 상황이 이상한 방향으로 확대 재생산되면 이렇게 된다.

'팀장한테 찍혔구나. 이 많은 팀원 중에 내가 제일 만만하구나. 신입한테도 조심하면서 나는 함부로 해도 되는 직원이네? 다른 팀으로 보낼 생각인가? 그래서 괴롭히나? 퇴사 준비를 해야겠군.'

여기까지 발전하면 '팀장이 작정하고 나를 내보내고 싶어 괴롭힌다'가 팩트처럼 생각된다. 그러면 번민과 억울함과 분노

의 소용돌이에 자신을 오래도록 방치하는 끔찍한 결과를 가져
올 수도 있다.

나 자신이 부정적 감정에 휘둘리지 않기 위해 다음 원칙을
기억할 것.

① 기분이 좀 가라앉은 팀장에게 가서 팩트만 말한다.

"어제 지시하신 보고서는 내일 오후에 보고하라고 말씀
하셨는데, 혹시 중간보고라도 지금 드릴까요?"

② 내 기분도 솔직히 말한다.(내가 받은 영향에 대해서)

"아까 나사 풀린 것 같다는 말씀에 제가 뭔가 잘못한 것
이 있나 당황했습니다."

③ 나의 요청사항을 말한다.

"항상 좀 더 잘하고 싶다는 마음으로 일하고 있습니다.
팀장님 보시기에 부족한 부분 말씀 주시면 최선을 다해
시정하겠습니다."

3. 내 감정을 왜곡시키지 않는다

앞서 이야기한 대로 팩트와 부정적인 느낌을 섞어버리면 상황을 오해·억측하게 된다. 따라서 사실로 밝혀지지 않은 일을 미리 부정적으로 해석해서 정확한 판단을 내릴 수 없게 된다. 이것이 화를 낼 때의 가장 큰 부작용이다.

부정적인 감정은 내가 나를 컨트롤할 수 없는 소용돌이라고 생각하며 경계해야 한다. 사실과 기분 나쁨을 잘 구분하고, 휘둘리지 않는 상태를 유지하자. 그리고 나에게 부정적인 감정을 느끼게 한 상대에게 앞서 설명한 3가지 순서대로 질문하고 답을 듣자. 이러한 과정이 진행되면 내 안에 화산처럼 올라온 '화'를 제대로 컨트롤하는 능력을 기를 수 있다.

인간관계가 벅찰 때
꼭 기억할 긴급처방전

> 대부분의 사람은 내 편도 아니고 내 적도 아니다.
> 또한 자신이 무슨 일을 하든 자신을 좋아하지 않는 사람은 있게 마련이다.
> 모두가 자신을 좋아하기를 바라는 것은 지나친 기대이다.
> ─ 리즈 카펜터

언제부터였는지 퇴근하며 그냥 집으로 들어가는 법이 없다. 핑계를 만들어서라도 누군가와 약속을 잡아 회사 근처 생선구이 골목에 느슨하게 앉아 술을 마신다. 생선 굽는 연기와 냄새에 짜증이 날 때쯤이면 다시 노가리 골목으로 옮겨 맥주를 마신다. 그러고는 박 팀장 이야기를 한다. 인생에서 결코 만나지 말았어야 하는 인연. 사람 괴롭히는 걸 무슨 자신의 영향력 내지는 실력이라고 믿는 사이코패스.

상운 씨는 국내 대기업 Y전자를 경력사원으로 입사했다. K자격증 보유자를 찾고 있던 Y전자와 마침 타이밍이 절묘하게 맞아떨어진 것이다. 대단한 행운이다 싶게 입사가 되었다. 가족들이 뛸 듯이 좋아한 건 물론 상운 씨 자신도 꿈만 같았다. Y전자 하청업체에 다니던 자신이 어느 날 갑자기 Y전자 대리가 되다니. 이거야말로 인생역전 아닌가?

첫 출근 날. 낯선 사무실에서 처음 박 팀장과 마주했을 때, 이 직장생활이 만만치 않을 거라는 예감이 상운 씨의 뇌리를 스쳤다. 박 팀장은 새로 출근한 상운 씨를 제대로 쳐다보지도 않았다. 같은 팀인 김 과장에게 턱으로 상운 씨를 가리키며 '알아서 해'라고 한마디 했을 뿐이다. 첫날 환영회인지 뭔지 뼈다귀 감자탕을 먹는 점심 자리에서 박 팀장이 말했다.

"참, 운 좋다. 김 대리. Y전자를 다 들어오고. 안 그래?"

"네. 저도 감사하게 생각하고 있습니다."

"이러면 머리 터지게 공부해서 들어온 사람들이 회의감이 들지. 안 그래 김 과장? 요즘 개나 소나 다 들어오잖아."

졸지에 개나 소와 같은 위치가 된 상운 씨는 뭐 이렇다 말없이 뼈다귀에 붙은 고기를 묵묵히 뜯고 있을 뿐이었다. 이후의 회사생활은 당연히 녹록지 않았다. 일단 팀장이 상운 씨를 못마땅해하니 다른 팀원들도 상운 씨에게 데면데면했다. 혹시라도 상운 씨와 친하게 지냈다가는 팀장의 눈 밖에 날까 두려웠기 때문일 것이다.

박 팀장은 작은 것 하나만 마음에 들지 않아도 꼬투리를 잡아 "이래서 공채로 사람을 뽑아야 하는 거야"를 시작으로 "어디서 듣보잡을 데려와서 이게 무슨 고생이야"로 마무리를 짓는다. 듣다 못한 김 과장이 "제가 잘 챙겨보겠습니다. 저랑 식사나 하러 가시죠"라며 팀장을 데리고 나갈 때, 김 과장도 보았을 것이다. 상운 씨 이마 한쪽에 벌레처럼 꿈틀 튀어나온 힘줄을.

오늘은 공교롭게도 퇴근 후 술친구를 구하지 못했다. 그럭저럭 무사히 보낸 하루라 술친구를 구하는 데 절실하지 않았던 것도 있다. 지친 몸과 마음을 끌고 터덜터덜 동네로 들어섰는데 집에 그냥 들어가기가 영 내키지 않는다. 상운 씨는 오피스텔 앞 편의점에서 4개 만 원짜리 캔맥주와 잘게 찢은 먹태에 와사비 마요네즈가 세트로 포장된 안주를 골랐다. 출출해서 월드콘도 하나 사서 야외 파라솔에 자리를 차지하고 앉았다.

어쩌다 팀장한테 욕 먹지 않은 날이 다행인 날, 괜찮은 날이 되었던가. 직장생활을 이렇게 해나가도 되는 건가. 경력입사한 지 아직 6개월도 되지 않는데 그새 몸과 마음이 폭삭 늙어버린 기분이다. 이래서 언제까지 버틸 수 있을까.

문득 예전 직장의 J선배가 떠오른다. 목울대까지 억울함이 차올라 머릿속이 엉망진창이 되었을 때 J선배에게 나 좀 살려달라는 심정으로 전화를 했다. 상운 씨의 이야기를 다 들은 J선배는 딱 한마디 했다.

"싫으면 그만둬. 회사가 거기밖에 없냐?"

"……."

"상운아, 그만두는 게 싫다면 말이야. 네 마음을 좀 편하게 해줘. 시간은 어차피 흘러가. 직장생활이 영원한 건 아니잖아? 매일 출근하면서 오늘은 또 무슨 모욕을 당할까 걱정하지 마. 그건 이미 출근 시간 전부터 너를 괴롭히는 사람들의 포로가 된 거야. 억울하지 않니? 그런 사람들 때문에 네 소중한 하루를 빼앗기지 마. 퇴근해서도 마찬가지야. 퇴근하고 집에 가서 잠들기 전까지 왜 그런 일들을 곱씹어? 왜 자청해서 그런 사람들에게 휘둘리냐고. 마음속으로 당신은 나랑 관계없는 사람이라고 정의해 버려. 물리적으로는 한 사무실에서 얼굴을 봐야 하지만 마음으로는 나와 관계없는 사람. 관계없는 사람에게는 상처받을 일이 없어. 그리고 일부러 상처 주려는 말에 관심을 보이지 마. 예민하게 굴면 굴수록 상대는 더 공격적으로 나와. 그게 비겁하고 못된 사람들의 공통점이야. 당신이 그렇게 말하든지 말든지 난 관심없어요 라는 표를 내란 말이야. 니가 그런다고 내가 쫄거나 망가지지 않습니다! 이렇게! 그리고 네 자신에게 집중해. 너를 성장시키고 행복하게 만드는 일에. 회사는 그냥 회사일 뿐이야. 네게 부정적인 영향을 주는 회사 일이나 회사 사람들에게 네 개인적인 시간과 마음의 에너지를 뺏기지 않겠다고 결심해. 거기서부터가 출발이야."

인간관계 벅찰 때
긴급처방전

직장생활을 하다보면 '와, 이건 정말 아닌데……' 싶을 때가 있다. 무슨 삼재(三災)라도 맞은 것처럼 고생을 유난히 하는 인생의 구간이 누구에게라도 있다. 타인의 시기, 질투를 받으며 더러는 모함을 당하는 억울한 경험을 하기도 하고, 괜히 남의 일에 휘말려 내 의지와는 상관없이 욕을 먹고 사람들과 사이가 안 좋아지기도 한다.

사람이 모여 있는 조직에서는 서로 이견이 생기기 마련이고, 죽이네 살리네 서로 싸우다 결국 어느 한쪽이 회사를 박차고 나가기도 한다. 혹은 싸우거나 나가지 않더라도 관계에 대한 스트레스로 밤에 잠 못 들거나 병원에 다니며 약을 복용하기도 한다. 이게 바로 직장생활 안에서 인간관계의 단면이다.

하지만 직장생활이 늘 그렇다면 어찌 살겠는가? 직장생활을 하는 동안 그런 상황이 이따금 일어날 때는 있지만, 대부분은 그럭저럭 버틸만한 스트레스 상황일 것이다. 그러나 유난한 스트레스 상황일 때, 정말 회사 내 인간관계가 벅차서 숨이 안 쉬어지거나 출근길에 회사 앞 버스정류장에 내리기가 죽기보다 싫을 때, 그리고 그 이유가 아무개 상사라고 할 때, 내 마음을 다스리는 긴급처방전을 소개한다.

1. 모든 것은 어쨌든 다 흘러간다

즐거운 시간도 힘든 시간도 결국은 다 지나간다. 그것이 순리이고 진리이다. '뭐 저런 인간이 다 있지?' 싶은 직장 상사 때문에 두통이 오고 화가 나서 퇴사까지 생각하게 될 때 꼭 떠올리도록 하자.

'시간이 지나면 모든 일은 다 흘러간다.'

그 후의 스텝은 '어차피 다 흘러가는 일인데 내 시간과 에너지를 쓸 만큼 화낼 일인가'를 생각해보는 것이다. 만약 지금의 갈등으로 내 상한 감정이 해소되지 않고 계속 남아있다면 어떻게든 해소하려 발버둥을 쳐야겠지만, 과연 그럴 만큼의 가치가 있는 일인지 재고해 보라.

머리 좀 식히고 생각해보면 그 정도의 일은 아닐 것이다. 굳이 직장에서 나를 힘들게 하는 사람 때문에 나의 시간과 에너지를 들일 필요가 있는가? 상한 감정은 그냥 흘러가게 내버려 두자. 편하게 쉴 수 있는 시간을 나를 열받게 한 상사의 의미 없는 몇 마디 말을 곱씹는 데 낭비하지 말자.

2. 내 것은 빼앗기지 않겠다

조직생활을 하다 보면 숨이 턱 막힐 만큼 버거운 인간관계가 생기게 마련이다. 물론 그 관계에서 직장 상사가 압도적인 다수를 차지하기는 하지만 그 외에도 깐족거리는 동료, 유난히 신경에 거슬리는 후배 등등 광범위하다. 어떤 부류이건 간에 나를 화나게 하는 사람을 볼 때 필요한 것은 '너에게는 내 것을 단 하나도 빼앗기지 않겠어!'라는 마음가짐이다. 나에게 상처를 주는 사람들에게 나의 소중한 하루를 낭비하지 않겠다는 결심은 실제로 감정조절에 큰 도움을 준다.

내 감정을 상하게 하는 사람들에게 나의 소중한 것들(내 시간과 감정, 에너지 등)을 하나도 빼앗기지 않으려면 어떻게 행동해야 할까?

① 대상과 정서적인 거리 두기

아무 때나 짜증을 폭발하고 무례하고 모욕적인 언사를 날리는 직장 상사의 눈치를 보며 쩔쩔매지 말자. 그럴수록 상사의 태도만 더 나빠진다. 심적으로 그리고 가능하다면 물리적으로도 적당한 거리를 유지하여 상대에 대한 마음의 스위치를 내리도록 하자.

② "일 외엔 관심 없습니다."

상대가 나에게 화내고 소리를 지르더라도 주눅 들어 벌벌 떠는 것처럼 보이지 말자. 눈치 보는 것처럼 보이지도 말고 "당신이 그러건 말건 일 외엔 관심 없습니다"라는 태도로 일관하는 것이 당신을 지키는 가장 좋은 처방이다. '당신이란 사람에겐 관심 없고 그저 일에만 관심이 있습니다'라는 태도가 나를 보호한다.

3. 사실 '의외로' 관심 없다

사실 사람들은 타인에게 그다지 관심을 갖지 않는다. 예를 들어 김 대리가 회의 시간에 프레젠테이션을 하다가 실수를 했다. 이에 임원이 김 대리의 실수를 가볍게 지적했다. 회의가 끝난 후 김 대리는 우울한 기분에 휩싸여 좀처럼 헤어 나오지 못한다.

'이제 나는 이사님한테 완전히 찍혔겠지. 다른 직원들도 바보같이 그런 걸 틀리는 나를 무능하게 볼 거야.'

그런데 정작 동료들은 어떻게 생각하고 있을까? 별 관심 없다. 아마 회의실을 나온 순간 김 대리가 발표 중 무언가를 틀렸다는 사실 자체를 잊었을 가능성이 크다. 원래 사람은 남 일에는 관심이 없는 법이다. 발표에서 뭘 틀렸거나 말거나 그게 뭐 그렇게 대단한 일이라고. 남들은 무심한데 나 혼자 심각하게 소설을 쓰는 경우가 많다.

예민한 사람들은 흑역사를 견디지 못한다. 남들 앞에서 직장 상사에게 호되게 야단맞은 일, 회식 후에 만취 상태로 길바닥에 드러누워 동료들에게 민폐를 끼친 일. 남들은 웃으며 넘기는 일을 두고 '사람들이 나에게 얼마나 실망했을까', '속으로 나를 얼마나 비웃고 있을까'하고 지레짐작으로 혼자 겁내고 상처 입는다.

그러나 정작 다른 사람들은 나에게 있었던 일을 기억하지 못한다. 다들 나에게 별 관심 없다. 이점만 분명히 알아도 인간관계가 훨씬 덜 힘들다.

출근만 하면
매일 화가 난다

"말세야, 말세. 잘못한 걸 야단쳤더니 나가서 담배 피우면서 내 욕하다가 딱 걸린 거 있지? 혹시 나 들으라고 한 건가? 그렇지 않으면 어떻게 그렇게 크게 떠들어? 직장 상사 뒷담화를 회사에서?"

나승리 씨는 퇴근 후 울화병이 도질 듯해 입사 동기인 이 과장과 매운 낙지에 소주를 마신다. 올해 팀장으로 승진한 나승리 씨. 드디어 팀장이다. 그러나 리더가 되어 넘치던 열정이 거품처럼 사그라지는 데는 6개월이 채 걸리지 않았다. 실무를 할 때는 늘 자신감이 가득했던 나승리 씨다. 일상적으로 일 잘한다는 소리를 들어 칭찬도 별 감흥이 없을 정도였다. 그러나 조직을 관리한다는 팀장이 되자 사정이 많이 달라졌다.

일단 화가 많아졌다. 매일 출근만 하면 화가 시도 때도 없이 났다. 직원들이 내 마음 같지 않다. 실무자일 때는 나 혼자 달리며 내 실적만 챙기면 그만이었다. 그런데 팀장이라는 역할을 맡은 후에는 등에 배낭을 메고 양손에 짐을 든 채 발에는 모래주머니를 달고 달리는 느낌이다. 느리고 무겁고 앞으로 나아가기 힘들다.

오늘 아침만 해도 그렇다. 거래처와 전화 미팅을 할 때는 무조건 메일로 미팅 내용을 남겨서 오해의 여지가 없도록 하라는 지시를 족히 수십 번은 한 것 같다. 그런데 이번에도 어김없이 최 대리는 거래처와 허허거리며 즐겁게 미팅을 하더니 정작 메일은 빼먹었다. 급기야 임원을 모시고 진행하는 미팅 일정에 문제가 발생했다.

"분명 제가 이번 주 수요일이라고 했는데 저쪽 회사에서 다음 주로 알아들었다고……."

"내가 몇 번을 말했어? 미팅 내용 메일로 남겨두라고. 그걸 또 안 했어?"

"정확히 알아들은 듯해서 굳이 메일로 남길 필요까지는 없을 거라고……. 바쁘기도 했고요……."

이 대목에서 나 팀장은 폭발했다. 지금까지 참기도 많이 참았다. 일부러 팀장 엿 먹이려는 심보가 아니고서야 어떻게 일을 그따위로 하나.

"최 대리 대체 이번이 몇 번째야? 머리는 폼으로 달고 있는 거야? 그렇게 여러 번 말하면 기억하기 싫어도 저절로 외워지겠어. 대체 생각을 하면서 일하는 거야?"

이렇게 막말을 쏟아내고도 분이 안 풀려 바람이나 쐬러 2층 베란다로 나갔더니 최 대리는 그새 1층 흡연구역에 내려가 함께 담배를 피우는 회사 동료들에게 팀장 욕을 하고 있는 것이 아닌가! 입에 거품을 물고 팀장 성격이 막장이다, × 같아서 회사를 때려치겠다, 목에 핏대를 세우고 떠들던 최 대리는 2층에서 자신을 내려다보는 나 팀장과 눈이 딱 마주쳤다.

이후 나승리 팀장은 며칠 동안 최 대리에게 눈길 한번 주지 않았다. 괘씸하고 자존심도 상하고 저런 직원과 함께 무슨 일을 제대로 할 수 있을까 싶어 입맛이 썼다. 최 대리 역시 시무룩하게 나 팀장의 눈치를 보며 죽은 듯이 지냈다.

"직장 상사 욕하고 다니니 좋니?"
"……죄송합니다."

"나도 잘한 거 없지. 심하게 말한 거 미안하다. 앞으로는 실수 좀 줄이고 잘하자. 엉?"

며칠 만에 최 대리를 불러 이렇게 정리하기는 했지만, 뒤끝이 찜찜한 건 여전했다. 그렇게 화내지 말고 좀 참아볼걸. 내가 화를 좀 참기만 했어도 이렇게 입 안에 모래 씹히듯 서걱거리는 불편함은 없었을 텐데. 이래서야 팀 분위기가 좋아질 수 있을까. 그날 매운 낙지집에서 입사 동기인 김 과장이 한 말이 떠오른다.

"화가 난 만큼 화를 내면 프로가 아니야. 일단 화를 참고 심호흡을 해봐. 그리고 지금 이 일이 그렇게 내 인격과 저 사람과의 관계를 걸 만큼 대단한 일인지 생각해봐. 사실 우리가 화를 낼 때, 그렇게 대단한 일로 화를 내는 경우는 별로 없을걸. 대부분이 그럴만하든가 그럴 수도 있든가 그 정도의 일이겠지. 화를 내기 전에 이 문제가 발생한 데 대해 내 책임은 없는 건지도 생각해야 해. 성인군자가 되라는 말이 아니라 몇 단계에 거쳐 생각하는 동안 시간을 벌 수 있어서 화도 사그라지거든. 그다음으로는 어떻게 이 문제를 해결할지를 생각해. 화내기 전에 문제해결이 먼저야. 최 대리에게 일정이 꼬인 것을 어떻게 해결할 건지 의논해봤어? 그냥 화부터 냈잖아. 그게 무슨 의미가 있어? 화낸다고 문제가 해결되는 것도 아닌데."

남 일이라 말은 쉽다. 나도 남 일은 그렇게 말할 수 있겠다. 그나저나 팀원들 분위기는 어떻게 하지. 한 번 화내놓고 해야 할 뒷수습이 너무 많다. 윗분들 귀에는 안 들어갔겠지……. 이 걱정에까지 이르니 나 팀장은 왠지 화 한 번 내고 심한 손해를 본 것 같은 기분이 들어 스트레스 지수가 더 올라간다.

직장에서
화 다스리는 법

직장에서는 거의 하루도 빼놓지 않고 화가 나는 일이 생긴다. 당연하다. 화가 나는 일을 감당하는 것이 월급 값이다. 그런데 아무리 돈을 받는다고 해도 매일 화를 내고 결국 몸과 마음이 피폐해진다면 오히려 손해 보는 장사가 된다. 그래서 가장 똑똑한 방법은 돈 받고 일하되 되도록 화는 내지 않는 것이다. 그렇게 해야 이윤이 늘어난다. 직장에서 화를 다스리고 이윤이 남는 장사를 하려면 어떻게 해야 할까?

1. 일단 멈춤

몇 번을 말해도 계속 같은 실수를 반복하는 후배를 볼 때, 갑질이 끝도 없는 거래처 사장을 만날 때, 화가 치밀어 오른다. 마음속에서 화가 치미는 것이 감지되면 일단 멈춰라. 테이블 위에 놓인 컵을 들고 물을 마시거나 화장실로 달려가 손을 씻는 것도 좋다. 천천히 심호흡을 하며 숫자를 세는 것도 효과적이다.

혹은 '지금은 바쁘니까 이것만 해놓고 화를 내자'고 화를 미뤄보자. "이 보고서 끝내놓고 화낼 거니까 1시간 후에 다시 오세요"라고 나를 화나게 한 후배를 일단 돌려보내자. 마법의 한 시간이 지나고 나면 화를 내는 대신 '아, 그렇게 해야겠다'라고 적절한 솔루션을 찾게 될 수도 있다.

2. 화가 나는 이유 생각해 보기

내 감정을 객관화하기 위해 우선 '나는 지금 무엇 때문에 화가 나는가'를 생각해 보자.

① 이 일이 정말 내가 감정 상해가며 화를 낼 만한 일인가?
（가능하면 상황을 크게 멀리서 객관적으로 바라보자. 이게 정말 그렇게까지 화가 날 만한 일인지.）
② 나는 정말 잘못한 게 없나?(화를 낸다는 건 과실이 100% 상대에게 있을 때 가능한 행동이다. 그런데 나는 정말 그 과실에 조금도 책임이 없나?)
③ 나는 정확히 어떤 부분에 화를 내고 있나? 화를 내면 상

황이 개선되는 일인가?

④ 상대가 고의적으로 나를 화나게 했는가 아니면 어쩌다
보니 그렇게 된 건가?

⑤ 상대에게 화를 내지 않으려면, 문제 상황을 어떻게 개선
하고 수습해야 하는가?

3. 프로다운 마무리

5가지 생각 단계를 거치면 당장 화를 내면서 시간을 흘려보
내기에 이미 감정이 시들해진다. 그렇게 되면 당신은 아마추어
가 아닌 프로의 반열에 접어든 셈이다. 그러나 대개 이유가 있
어 화가 나는 법. 화만 잠재운다고 모든 일이 끝나는 것은 아
니다.

① 화가 나는 원인 제거 및 재발 방지를 위한 액션플랜 찾기

이 부분에 집중해야 한다. 제대로 포커스를 맞춘다면 당신
은 일의 핵심을 꿰뚫는 일잘러가 될 수 있다. 보통 일을 잘하고
못하고의 차이는 단순하다. 문제가 터졌을 때 화를 내며 책임
소재를 찾거나 남 탓을 하며 길길이 날뛰는 유형, 일단 문제를
어떻게 해결할지 생각해서 바로 행동으로 옮기는 유형이 있다.

당연히 일잘러는 후자이다. 직장에서 인정받고 싶다면 화를 내며 시간과 에너지를 소비하는 대신, 화가 나는 상황을 해결하기 위해 내가 지금 무엇을 어떻게 처리하는지를 떠올려야 한다.

② 그런 후에도 화가 나면 화를 내기(단 상대를 비난하지는 말자!)

화를 내지 않는 것만이 능사는 아니다. 꾹 참기만 하면 없던 병도 생긴다. 바로 울화병이다. 화병에는 약도 없다. 다른 복합적인 부작용(일의 능률이 오르지 않거나, 판단력이 떨어지거나 인간관계에 문제가 생기는 등)도 동반한다. 위의 과정을 다 거쳤음에도 불구하고 여전히 화가 난다면 다음과 같이 나의 감정을 표현해 보자.

"김 대리, 내가 지금 화가 많이 나네요. 충분히 설명했는데도 같은 실수를 5번째 반복해서 팀에 지속적인 손실을 입힌 점이 너무 안타깝습니다. 앞으로 다시 반복하지 않기 위해 내가 이야기한 대로 매뉴얼을 만들어 책상 앞에 붙이고 항상 체크하세요."

이때 주의할 점은 당신의 감정을 표현할 때 김 대리를 비난하거나 쓸데없이 빈정거려서 자존감에 상처를 입히면 안 된다. 상대의 잘못에 아무리 화가 나도 상대를 비난하게 되면 당신에 대한 신뢰감이 사라지고 관계를 계속 유지해 나가기 힘들다.

매사 당당하고
존중받는 사람들의 비결

싫어하는 사람을 상대하는 것도 하나의 지혜다

— 발타자르 그라시안

어느 경력관리 컨설턴트와 고민 많은 직장인A의 대화

직장인A 앞으로 어떻게 해야 할지. 한번은 좀 정리를 하고 싶어
서…… 여러 가지가 좀 복잡해서요. 잔뜩 어질러진 방 한가
운데서 양손에는 주렁주렁 뭔가 들고 있고…… 뭐 이러지
도 저러지도 못하는 심정이라고나 할까요…….

컨설턴트 지금 제일 큰 고민은 뭡니까?

직장인A 회사에서 상황이 좋지 않아요. 지금껏 팀장이었는데 지난
주 담당 임원이 부르더니 팀장을 더 이상 시키지 않겠다고
해요. 경력직으로 팀장을 뽑고 저는 팀원으로 일하라고…….

컨설턴트 왜 그런 결정이 났는지 이유를 여쭤봐도 될까요?

직장인A 그게 말이죠. 작년에 임원이 새로 바뀌었는데 진행하던 프로젝트에 대해 서로 의견이 맞지 않았다고 할까…… 원래 중국 시장이 미국 시장과는 성격이 많이 다르거든요. 시장에 대한 판단을 서로 합의하는 과정이 쉽지 않았는데…….

컨설턴트 선생님, 저는 지금 팀장 직위가 해제된 이유를 여쭙고 있습니다.

직장인A 그러니까요. 제가 워낙 일이 많았거든요. 번아웃이 올 지경이었는데 팀원들에게 말도 감정적으로 했다고…… 그 얘기는 제가 나중에 들었거든요…….

컨설턴트 일단 선생님께서 앞으로 직장생활을 제대로 해나가기 위해서는 핵심부터 말하는 습관을 다시 기르셔야 합니다. 예를 들어 팀장 직위해제 이유는 첫째 성과 부진, 둘째 조직관리 실패. 이렇게 두 가지라고 생각합니다. 성과 부진의 원인을 구체적으로 살펴보면…… 이런 식으로요. 제대로 말하는 법이 직장생활에서는 생존키트라고 할 수 있어요. 가장 큰 문제가 발견되었으니 이 트레이닝은 다음 시간에 본격적으로 하기로 하고요, 다음 질문 드릴게요. 직장생활에서 무엇이 가장 힘들게 느껴지시나요?

직장인A 음…… 사람들이 저를 만만하게 본다는 생각에 우울해요. 사람들을 대할 때 자꾸 위축되요.

컨설턴트 그런 생각은 언제부터 하기 시작하셨나요?

직장인A 입사하고부터 줄곧 그랬어요. 처음에는 내가 어려서 그렇 겠거니 했는데 마흔이 넘은 지금도 여전하네요……

컨설턴트 누군가가 자신을 만만하게 본다는 생각은 자존감을 계속 깎아먹어요. 불행감이 가속되는 거죠. 뭘 해도 의욕이 나지 않고 자신감도 계속 떨어지고.

직장인A 그러니까요. 그냥 일이나 잘하자, 웬만하면 부딪히지 말자, 좀 지나면 나아지겠지, 이렇게 생각했는데…… 가면 갈수 록 더 힘들어요.

컨설턴트 마음이 힘든 경우를 한번 예를 들어봐 주시겠어요?

직장인A 사실 많은데…… 흠…… 저는 사람들과 빨리 친해지지 못하 는 성격이에요. 낯을 가린다고 할까요. 그런데 새로 온 부 장이랑 환영주를 한 잔 하는데 대뜸 마흔이 다되도록 결혼 을 안 한 이유가 뭐냐는 거예요. 아니, 미친 거 아닙니까? 게다가 남자상사가 여자 후배에게 처음 만난 술자리에서 그걸 묻는다는 게 상식적으로…….

컨설턴트 그래서 뭐라고 하셨어요?

직장인A 뭐라고 하긴요. 대충 얼버무렸죠. 아직 사람을 못 만났다고.

컨설턴트 혹시 웃으면서 말했어요?

직장인A 그럼 나 기분 나쁘다고 정색을 해요? 어휴…… 다른 직원들 도 있는데 분위기 다 깨지게…….

컨설턴트 다음부터는 웃지 말든지 '그건 프라이버시랑 관련된 일이 니까 대답 안 해도 되죠?'라고 상냥하게 말하든지 하세요. 선생님이 심리적으로 받아들이기 어려운 수준의 말이라 면 상대에게 알려주셔야 다음부터 그러지 않죠.

직장인A 저도 그렇게 생각하는데 말처럼 쉽지 않아서요.

컨설턴트 내 감정이 제일 중요하다는 사실을 늘 잊지 말고 잘 지키 셔야 해요. 당황하게 되는 무례한 농담을 누가 던졌을 때 받아칠 용기가 없다면 정색이라도 해서 선생님의 의사를 표현하는 게 중요해요.

직장인A 제가 그런 표현을 못 해서 계속 당하고 사는 건가요?

컨설턴트 말하지 않으면 상대는 모릅니다. 그래도 되는 줄 알아요. '내 경계를 알려준다' 이걸 원칙으로 하세요.

직장인A 쉽지 않겠지만 연습해 볼게요. 생각만 해도 긴장되네요.

컨설턴트 마지막으로 질문을 하나 더 드리겠습니다. 동기들에 비해 진급도 늦고 이제는 팀장에서 팀원으로 강등되는 위기에 처했는데, 혹시 지금 상황을 반전시킬 만한 자신만의 경쟁 력이 있으신가요?

직장인A 글쎄요…… 영어는 잘해요.

컨설턴트 회사에서 영어를 활용하시나요?

직장인A 그렇지는 않아요. 그냥 취미로 계속 하는 거예요.

컨설턴트 그렇다면 영어가 회사에서 선생님의 경쟁력은 아니죠. 지금 회사에서 '이 분야라면 내가 독보적이다' 그런 경쟁력 있는 분야가 있나요?

직장인A 그런 건 없고 딱히 공부도 하고 있지 않아요. 회사생활을 허덕허덕 따라가기도 바쁘다 보니……. 회사가 자기계발 같은 걸 할 여유를 주지 않거든요.

컨설턴트 그건 이유가 되지 않아요. 조직 안에서도 스스로 끊임없이 성장하는 사람은 남들이 결코 만만하게 보지 않습니다. 왜 일까요? 경쟁력이 있으니까요. 회사가 그 경쟁력을 필요로 하니까요. 만약 선생님이 기획 업무에 다른 사람보다 탁월 하다는 판단이 들면 그 업무의 경쟁력을 높이는 공부를 하 세요. 프로란 자신이 하고 싶은 일을 하는 게 아니라 자신 이 잘하는 일을 최고로 잘하게 만들어 가는 사람입니다.

직장인A 근데 상담하는데 왜 혼나는 느낌이죠? 하하하. 그래도 기 분이 나쁘진 않네요. 뭔가 엉켜버린 실타래를 풀 방법을 찾아낸 것 같다고 할까요.

컨설턴트 그렇게 생각하셨다니 오늘 미팅은 성공이네요. 하루아침 에 엉킨 실타래가 다 풀리지는 않겠지만, 문제를 발견하고 고쳐가는 과정에서 당당하고 존중받는 모습으로 자신을 다듬어 가실 수 있어요.

타인에게 만만하게 보이지 않으려면 3가지를 교정하라

1. 말하는 법을 교정하라

① 핵심만 짧게

스마트한 말하기 습관은 '짧게'이다. 짧게 말하려고 하면 저절로 핵심을 먼저 말하고 중요한 사항만을 요약해서 전달하게 된다. 직장 상사에게 보고할 때 내가 하고 싶은 이야기를 욕심내서 이야기하려 하지 마라. 상대가 궁금해하는 바를 결론부터 짧게 말하라. 더 궁금한 게 있다면 어차피 상대가 질문한다.

② 자신 있게

직장 상사 입장에서 생각해 보자. 후배 직원이 무엇을 물었을 때 '~인 것 같아요', '~라는 것 같던데…….', '글쎄요……, ~ 아닐까요?'라고 하면 입술을 꽉 깨물어야 한다. 욕 나올 것 같아서. 말투만이 문제는 아니다. 말꼬리를 흐리거나 뒷말을 생략하는 습관도 당장 버려야 한다. 조금이라도 수월하게 직장생활을 하고 싶다면 말이다.

2. 태도를 교정하라

① 내 경계 알려주기

내 심리적 경계를 상대에게 솔직하게 알려주자. 이직을 했더니 선배라는 사람이 사생활에 대해 자꾸 캐묻는다. 그럴 때 어떻게 해야 할까? 처음부터 까칠하게 보이면 왕따라도 당할까 싶어 스트레스 받으며 꾹 참아야 할까? 그렇지 않다. 만약 지금 이야기가 내 경계를 침범했다는 판단이 들면 상대에게 웃으면서 말해주자.

"저는 개인적인 이야기를 하는 걸 좀 불편해하는 편이에요. 차차 알아가면서 이야기해도 되죠?"

② 내 감정 돌보기

늘 가장 우선해야 하는 것은 내 감정이다. 인생은 긴 여정이다. 따라서 내 감정을 우선하면 이기적인 게 아닐까 하고 죄책감을 가질 필요가 없다. 누군가 던진 무례한 말에 상처 입었을 때 스스로 괜찮다고 생각하며 어색하게 웃어넘기지 않아야 한다.

평소 내가 둥글둥글 원만하고 남을 잘 배려하는 성격이라 하더라도 이건 아니다 싶을 때는 내 감정을 먼저 돌보며 확 돌변하는 모습을 보여주는 것도 유쾌한 자기방어 수단이다. 만만한 사람이 아니라는 느낌을 주려면 의외의 모습을 보이는 게 효과가 좋다. 예를 들어 직장 상사가 예의 바르고 남을 잘 배려하고 편하다는 이유로 내게 개인적인 심부름을 자꾸 시킨다고 치자. 네, 하고 한두 번은 들어주다가 한번은 정색을 하며 거절하자. 양면성을 보여주는 방법이다. 이처럼 '어쩌다 한 번씩 또라이 전법'은 내 감정을 보호하고 타인의 무례함을 막는 좋은 전략이다.

3. 자신의 미래를 교정하라

자기 분야의 전문가가 돼라. 끊임없이 성장하라. 성장하는 사람은 만만해 보이지 않는다. 계속 성장하는 사람은 빈틈투성이, 허당이라는 소리를 들을지언정 만만해 보이지 않는다. 오히려 그런 허술한 이미지가 매력이 될 수도 있다.

직장인 대부분이 일에서 오는 스트레스로 힘들어한다. 그런데 자기 일에 경쟁력이 있고 전문성이 날로 높아지는 사람이라면 어떨까? 당연히 모든 면에서 당당하고 만만치 않다. 반면 자신은 노력하지 않으면서 힘들다는 소리만 반복하면 답이 없다.

타인이 자신에게 무례하게 구는 데도 자신을 방어하지 못하고 계속 휘둘리는 것은 자신의 책임이 가장 크다. 내가 속한 조직에서 무시당하지 않도록 나는 무슨 노력을 하며 실력을 키우고 있는지 뼈아프게 되새겨봐야 한다. 그것이 미래를 교정하는 첫 스텝이다. 직무든 인간관계든, 어제보다 나은 내가 되기 위해 노력하는 사람은 남이 만만하게 볼 수 없다. 늘 깨어있기 때문이다.

사람 때문에
스트레스 안 받으려면

자기보다 못한 자를 벗으로 삼지 말라
- 공자

"진짜 이 인간을 어떻게 해야 하나……."

카톡을 확인하는 순간 또 열이 확 치밀어 오른다. 참 특이하게 사람을 괴롭히는 재주가 있는 김 과장과 일한다는 건, 아무리 아침마다 마음을 다잡아도 힘든 일이다.

A공단 5년 차 김철수 씨는 외부 손님을 접대하는 팀장의 헬퍼로 동원되는 일이 잦다. 식당을 예약하고 렌트카를 대절하는 등 전체 스케줄을 진행한다. 어려운 손님들과 함께 밥을 먹는 일도 종종 있다. 밥이 입으로 들어가는지 코로 들어가는지 모르고 무슨 맛인지도 모르게 대충 먹는다.

오늘도 일식당에서 VIP들의 점심식사가 진행되었다. 스케줄을 팀원들 단톡방에 실시간 공지해야 하는 매뉴얼이 있어서 [점심식사 시작되었습니다. 장소는 ○○일식. 1인당 4만 5천 원 코스. 이후 3시에 공항 환송 예정]이라고 올렸다.

이어 문제의 선배인 김 과장이 사진 하나를 올렸다. 빈 라면 그릇과 김치 쪼가리가 놓인 테이블. [내 점심이다. 누구는 일식 당, 누구는 지하식당 라면ㅋㅋㅋ]

이어서 줄줄이 톡이 올라온다. [그러기에 과장님도 아부에 능하셔야 라면을 면하실 텐데. 어흑ㅋㅋ], [아, 눈물 난다. 직장 생활의 고달픔이여. 저는 그래도 칼국수 먹었습다.^^]

늘 이런 식이다. 나를 괴롭히려고 회사에 다니나 싶은 선배 김 과장. 그런 그를 부추기는 팀원들. 김철수 씨는 팀의 막내라 뭐라 말은 못 하고 죽을 맛이다. 사무실에서는 단톡방에서보다 더 못살게 군다. 차라리 대놓고 욕을 하는 게 낫겠다 싶다. 비비 꼬아서 말하는데 회사에 뭐라 신고할 수도 없는 수위로만 괴롭히는 것이 김 과장의 스타일이다. 동료에게 속사정을 이야기하면 "네가 너무 예민한 거 아니야? 네가 꽁해서 속에 담아두는 거지 특별히 문제 될 정도는 아닌 거 같은데?"라는 대답이 돌아오길 수차례. 그러니 말도 못 하고 속으로 울화만 쌓일 수밖에.

한번은 이런 일도 있었다. 오랜만에 연차를 쓰고 다음 날 출근했더니 장문의 메일이 김 과장에게 와 있었다. 내용은 김철

수 씨의 문제점을 나열하고 주의를 당부하는 선배의 조언이었다. 말이 조언이지 사실 모함에 가까웠다.

메일 제목은 '팀 분위기를 저해하는 다음 행동은 향후 주의하시길 바랍니다'였다. '팀 분위기를 저해해? 내가?' 당황한 김철수 씨는 자신이 뭘 저해했는지 읽어 내려갈수록 분통이 터졌다.

김 과장의 지적은 다음과 같았다.

① 외근을 나가면서 행선지 보고를 자주 누락합니다.(단 한 번도 그러지 않았다. 만약 그랬다면 김 과장이 가만있지 않았을 터다. 어떤 인간인데!)

② 외근 후, 외근 내용을 당일 보고 하지 않고 퇴근하지 마세요.(말도 안 된다! 외근 후에 들어와 자리에 앉기도 전에 자기 자리로 부른 게 누군데?)

③ 거래처 고객 미팅 스케줄을 짜며 비용에 대해 좀 더 경각심을 가지고 효율적으로 운영하세요. 재무팀에서 자꾸 말이 나옵니다.(이 부분을 읽자마자 재무팀으로 달려가 뭐가 문제인지 물었다. 재무팀에서는 아무도 그런 이의를 제기하지 않았다고 한다!)

문제는 이 메일에 팀장을 참조로 걸었다는 사실이다. 이 내용을 읽은 팀장은 내가 진짜 이렇게 일을 하고 있다고 믿지 않을까? 김철수 씨는 등골이 서늘했다. 팀원들이 하나같이 김 과장의 눈치를 보고 있는 상황에서 만약 팀장이 다른 팀원을 불러 관련 내용을 물어본다면 다들 김 과장 편에 설 것이다. 후환이 두려울 테니.

'어떻게 해야 할까…… 김 과장을 확 들이받아 버려? 팀장한테 사실대로 말할까? 변명처럼 들리지 않을까? 믿어는 줄까?'

고민에 빠진 김철수 씨는 옆 부서 Y선배에게 억울한 사정을 털어놓았다. 금방이라도 울음을 터트릴 것 같은 철수 씨와는 달리 Y선배는 빙글빙글 웃으며 말했다.

"난 또 뭐 심각한 일이라고. 그런 일을 뭘 또 팀장한테 일러바치려고 해? 그럼 네가 잘했다고 할까 봐? 팀장이 자기 직원들 성향을 모를까. 이미 알고 있을 거야 팀장은. 어디까지가 사실이고 어디까지가 네가 억울해하는 모함인지."

"말 안 하는데 어떻게 아냐구요. 팀장이 절 진짜 그런 사람으로 생각하면 어떻게 해요?"

"팀장은 괜히 팀장이 아니야. 전체가 다 보이니까 팀장이지. 그냥 분위기에 휘둘리지 말고 네 할 일을 지금처럼 열심히 해. 그리고 차라리 김 과장이 모함할 빌미를 주지 않겠다고 결심하는 계기가 되었다고 생각해봐. 회사 동료나 선배가 네가 기대하는 수준의 사람이 아닐 수도 있어. 그냥 그런 사람이거니 해. 너무 기대하지 마. 바꾸려고 하지도 말고. 사람은 절대 바뀌지 않아. 김 과장이 스트레스라고 계속 의식하고 있으면 너만 힘들어. 오늘만 해도 오전 내내 씩씩거리고 아무 일도 못 했잖아. 김 과장한테 대체 몇 시간을 소모한 거야? 그게 바로 휘둘린다는 거야. 김 과장에 대해서는 '넌 그런 인간이구나' 정의하고 네 자신에게 집중해. 그리고 김 과장이 꼭 단점만 있는 건 아니야. 문제해결 능력은 월등히 높잖아. 그걸 배워. 함께 일하는 동안 김 과장의 다른 인격적인 면은 다 쓰레기라고 생각하고 무시하고 문제해결 능력만 배워도 너한테는 이익이야. 직장 생활은 그렇게 하는 거야."

사람에게 스트레스 받으면
직장생활 수명이 줄어든다

인간관계로 인한 스트레스를 줄이기 위해서는 내가 사람에 대해 어떤 프레임을 갖고 있느냐가 관건이다. 직장에서의 퇴사 원인도 직무가 아닌 관계인 경우가 훨씬 많다. 사회생활의 성공을 막는 허들도 결국 관계인 셈이다. 사람에게 스트레스를 덜 받으려면 관계에 대한 프레임을 어떻게 바꿔야 할까?

1. 많은 걸 기대하지 말자

곰곰이 생각해보면 누군가로 인해 스트레스를 받는다는 건 그 사람이 나에게 미치는 영향보다 더 많은 것을 기대하고 있기 때문이다. 직장 상사에게 당신은 무엇을 기대하는가? 나를 이해하고 이끌어주는 믿음직한 선배. 이것이 우리가 바라는 직장 상사의 유형이다. 그러나 현실은 어떨까? 그런 선배는 드라마 〈이상한 변호사 우영우〉에 나오는 정명석 변호사 정도가 아닐까? 즉 드라마에나 존재한다는 말이다. 현실에서는 결과에 책임지지 않고 장점보다는 단점에 집착하고 사소한 일에 마음 상해서 가자미눈을 뜨는 쩨쩨한 직장 상사가 대부분이다.

스마트하고, 인품 좋고, 의리 있는 직장 상사라는 이미지는 그저 나의 기대일 뿐이다. 상사 복이 없다고 억울한 생각이 들면 내가 누군가에게 좋은 상사가 되면 된다. 현재의 직장 상사나 동료, 후배에게 많은 걸 기대하지 말자. 직장 상사라고 꼭 인품이 좋으란 법은 없다. 일을 잘하든가 둥글둥글 성격이 좋아 거래처 관리를 잘하든가, 무언가 하나라도 배울 점이 있다면 직장 상사로 섬기기에 충분하다고 생각하자. 너도 월급쟁이 나도 월급쟁이, 별반 다르지 않다. 기대를 접으면 스트레스가 반으로 줄어든다.

2. 싫은 상대의 장점을 찾자

사람을 만나서 호감을 느끼고 친한 친구가 되었다 하더라도 서로 존경할 만한 점이 없으면 관계가 오래 지속되기 힘들다. 당신과 친한 사람들을 떠올려보자. 다들 장점이 몇 가지씩 있다. 바로 그들과의 관계가 아름답게 유지되는 이유이다.

아무리 꼴도 보기 싫은 직장 상사나 후배가 있다고 하더라도 100% 단점만 있는 사람은 없다. 그 사람이 싫으니 단점이 더 도드라져 보일 뿐이지. 이런 때는 상대가 아니라 나를 위해서 상대의 장점에 집중해야 한다. 떠올리기만 해도 심장이 벌렁거리게 싫은 선배와 일하는 상황을 생각해보자. 계속 싫어 죽겠는 얼굴을 하고 있으면 상대도 알게 되기 마련이다. 그러면 사이는 더 멀어지고 더 나빠질 뿐이다. 싫은 선배에 대해 '저 선배는 인성은 별로여도 일은 잘하니까. 함께 일하는 동안 일만 배우자'하고 생각하자. 혹은 한마디도 지지 않고 따박따박 말대답하는 얄미운 후배를 보며 '저 후배의 장점은 뭐더라? 설마 장점 하나는 있겠지'하고 상대의 장점에 집중하는 태도만으로도 싫은 사람에 대한 스트레스 지수를 낮출 수 있으니 얼마나 가성비 높은 일인가.

3. 사람을 바꾸려고 하지 마라

다이어트 제품은 전 세계적으로 어떻게 끊임없이 그 시장을 확대해 갈 수 있을까? 정답은 사람들이 변하지 않기 때문이다. 살을 뺄 때 꼭 다이어트약에 의존하지 않아도 된다. 먹는 음식의 종류와 양을 줄이고 운동을 하면 누구나 날씬해질 수 있다. 그러나 그게 마음대로 쉽게 되면 누가 못할까? 사람은 쉽게 바꿔지 않는다.

나 자신도 이렇게 바꾸기 힘든데 남을 어떻게 바꿀까? 잔소리하고 싸운다고 절대 남을 내 입맛에 맞게 바꿀 수 없다는 사실을 아는 것만으로도 스트레스 지수가 줄어든다. 이것이 바로 집이든 직장이든 내 눈에 거슬리는 사람에게 잔소리하지 않아야 하는 이유이다. 누군가를 바꾸려고 잔소리를 하면 그 사람이 바뀌는 것이 아니라 관계만 틀어진다.

직장에서 출근 시간 1분 전에 뛰어 들어오는 후배를 바꾸려하지 말자. 회사에서는 본인이 맡은 일을 완성도 있게 해내기만 하면 되는 거다. 그 부분에 문제가 있는 것이 아니라면, 쓸데없는 잔소리로 나도 열받고 상대와의 관계도 틀어져 가면서 회사를 불행한 곳으로 만들 필요는 없다.

4. 나 자신에게 투자하라

경조사를 쫓아다니는 것도 스트레스다. 진심으로 축하하고 위로할 일에는 참석하되, 어쩔 수 없이 얼굴도장 찍는다는 심정으로 가는 경조사라면 과감하게 불참하도록 하자.

주변에 사람이 가득했으면 하는 생각으로 내가 힘든데도 그렇게 하고 있다면 다시 생각해봐야 한다. 여기저기 사람 만나러 다니며 시간과 돈, 에너지를 쓸 때보다 나 자신에게 그 시간과 노력을 투자해서 성장하고 실력을 갖출 때 더 많은 사람이 모인다. 주변을 보자. 실력 있는 사람 곁에 사람이 모이는지, 체면 때문에 이리저리 휘둘려 다니는 사람 곁에 사람이 모이는지, 쉽게 확인할 수 있다.

확 열 받아도
품위를 잃지 않는 비결

✦

"팀장님을 위해 이 한 몸 다 바쳐 충성하겠습니다~."

발음은 꼬일 대로 꼬이고 내일이면 아무도 기억하는 사람이 없을 충성 맹세를 하는 진배신 과장을 이 팀장은 뿌듯하게 바라보고 있었다.

요즘 세상에 이렇게 직장 상사에 대한 충성심을 아예 대놓고 떠들어대는 후배가 싫지 않다. 다른 직원들은 낯간지러워서인지 충성할 의지가 없어서인지, 그런 말은 죽었다 깨어도 하지 못한다. 뼈가 가루가 되도록 회사와 팀장을 위해 충성을 다한다니, 지금이 조선시대도 아닌데 어찌 저런 충성심 강한 후배를 두는 복을 누린단 말인가.

기분 좋게 흥이 오른 상태에서 새벽 한 시를 넘기고서야 겨우 술자리를 마치고 다들 인사불성인 상태로 뿔뿔이 흩어졌다. 다음날 숙취로 머리를 제대로 가누지도 못하는 상태로 네발로 기다시피 출근을 한 이 팀장은 본부장인 윤 이사의 호출을 받는다.

내용인즉슨 급하게 진행해야 하는 A프로젝트를 이 팀장 부서에서 진행해보는 게 어떻겠냐는 제안이었다. 이게 웬 떡이지? 내년에는 승진도 해야 하는데 도통 새로운 성과가 없어 고민이던 참에 호박이 저절로 굴러들어 온 것이다.

물론 프로젝트야 힘들고 고달프겠지만 회사에 이 분야에서 가장 전문가인 진 과장이 있지 않은가? 진 과장이 없었다면 시작도 안 했을 프로젝트다. 어젯밤만 해도 뼈가 가루가 될 때까지 충성을 다하겠다는 다소 호러스러운 다짐을 하던 자신의 오른팔이 있지 않은가. 당연히 이 팀장은 기회를 주셔서 감사하다는 인사를 하며 프로젝트 제안을 수락했다. 하마터면 이 팀장 역시 뼈가 가루가 되도록 열심히 해보겠다고 말할 뻔했다.

프로젝트 건으로 마음이 급해진 이 팀장은 진 과장을 회의실로 불러내 큰 선심이라도 쓴다는 듯 '다 너 좋으라고' 이 프로젝트를 맡았노라 생색을 냈다. 그런데 웬일? 진 과장의 표정이 뜨악하다. "그 기간에 프로젝트 완성은 무리가 아닐까요"라며 한 발 빼는 진 과장을 "너와 내가 뭉치면 천하무적"이라고 어깨동무까지 하며 독려했다.

새로운 프로젝트 출범을 위한 TF가 결성되고 책임자인 이 팀장이 한창 마음만 분주해 있을 때 팀원인 오 과장이 차나 한 잔 하자면서 살며시 이 팀장을 구내 카페로 부른다. 그리고 청천벽력 같은 소식을 전하는 게 아닌가. 진배신 과장의 경쟁사 이직이 확정되었다는 소식을 업계 사람들에게 전해 들었다는 것.

처음에는 진 과장의 이직 이야기를 믿지 않았다. 그런데 충격과 의심이 가시기도 전에 진 과장이 뒷머리를 긁적이며 의심을 진실로 만들어주었다. 경쟁사에 입사하기로 최종 결정했으며 일주일간 인수인계를 마치고 퇴사하겠다는 통보였다. 인재 하나가 빠진다는 것이 문제가 아니라 진 과장만 믿고 덥석 물어온 프로젝트는 어쩐단 말인가. 이 팀장은 입사 이래 최대 난관에 봉착했다.

그러나 이 팀장은 화가 난다고 난동을 부리는 타입은 아니다. 화가 날수록 차분해진다는 것이 그의 가장 큰 장점이기도 하다. 끓어오르는 배신감에 머리 꼭대기까지 화가 뻗쳐오르고 '네가 직장 상사를 가지고 놀아?'라는 생각을 할지언정, 그 말이 입 밖으로 나와 버리면 직장생활에 아무런 도움이 되지 않는다는 걸 그는 너무 잘 알고 있다.

'그럼 꽐라가 되도록 술 마시고 충성 맹세한 그날도 이미 면접 보고 이직을 적극적으로 진행하고 있었다는 거네? 진정성

이라고는 전혀 없는 말에 내가 속았던 거군!'

상황을 파악한 이 팀장은 마음을 가라앉혔다. 지금 가장 중요한 것은 '어차피 한 업종, 좁은 바닥에서 서로 일하며 계속 부딪힐 텐데 굳이 진 과장을 적으로 만들어봐야 무슨 소용이 있을까'라는 냉정한 판단이다. 비난하지 말자. 진 과장에게 속은 내 잘못도 있다. 이 모든 것은 술김에 나온 마음에도 없는 이야기를 헤벌쭉 믿어버리고 덜컥 프로젝트를 맡은 내가 감당해야 할 몫이다. 그러니 좋게 마무리 짓자.

여기까지 생각이 이른 이 팀장은 별로 미안한 얼굴도 아닌 진 과장에게 웃으며 말했다.

"그래. 진 과장이 잘 알아서 결정했겠지. 어차피 한 업계에 있는데 앞으로 또 볼일이 있을 거야. 오 과장이랑 의논해서 인수인계 차질 없도록 준비하고 그쪽으로 이직해서도 잘해 나가길 바라."

담백하게 이야기하고 자리를 뜨는 이 팀장의 태도에 그만두겠다는 진 과장이나 조마조마하게 상황을 바라보던 다른 팀원들이나 의아해하긴 마찬가지였다. 진 과장은 배신감에 분노하거나 절절매며 자기를 붙잡을 줄 알았던 이 팀장이 깔끔한 인사말로 퇴장하는 모습을 보며 왠지 모르게 서운했다.

평소 이 팀장이 진 과장만을 편애한다고 생각했던 팀원들은 예상외의 모습에 말로 설명하기 어려운 통쾌함을 느꼈다. 오히려 신규 프로젝트에 대한 불안감마저 팀장에 대한 신뢰로 바뀌는 순간이었다. '그래, 누구 하나 빠진다고 일이 안 돌아가면 그게 조직이냐?' 팀원들의 속마음이 시원하게 뚫리는 순간이었다.

머리끝까지 화가 나도
품위를 잃지 않는 비결

화를 내는 방법에 따라 내가 속한 조직이 활성화될 수도 있고 위축될 수도 있다. 특히 리더가 화가 났을 때 어떻게 말하고 행동하는지에 따라 조직의 실적 자체가 달라질 수 있다. 따라서 우리는 화를 내더라도 제대로 내는 법을 배워야 한다.

'내가 리더도 아닌데 뭐'라고 넘길 일이 아니다. 사람 둘이 모여도 그중에 하나는 리더가 된다. 회사뿐만 아니라 가정이나 일 외의 커뮤니티에서도 마찬가지다. 사람이 둘 이상 모이면 의견 충돌이 생기기 마련이다. 이때 '화를 어떻게 표현하는지'가 중요하다.

1. 화를 어떻게 시작할 것인가?

리더가 화가 났을 때, 자신이 화가 났다는 표현을 어떻게 시작하느냐에 따라 조직에 미치는 영향력이 천차만별이다. 일단 회사 안에서 시도 때도 없이 벌어지는 '열받을 만한 사건'을 직면했을 때, 리더가 '화'를 시작하는 유형을 보자.

"대체 이거 누가 한 거야? 담당이 누구냐고! 누가 책임이냐고 묻잖아!!"

이렇게 화를 폭발시키며 시작하는 리더는 이미 리더 자격이 없다. 더불어 인성조차 좋은 평가를 받지 못한다. 여기서 한층 더 나아가 인격적인 공격마저 서슴지 않는 리더라면?

"머리는 폼이야? 생각이 있어 없어! 여기가 네 놀이터야?"

자신의 화를 표현할 때 이렇게 말을 시작한다면 '왜 일이 꼬일까'하고 고민할 필요 없다. 일을 망치고 있는 건 화를 제대로 내지 못하는 리더 자신이니까. 화를 낼 때도 화를 내는 시작이 좋아야 꼬인 문제를 풀 수 있다. 화를 낼 때

① 남을 원망하며 탓하는 말
② 인신공격

이 두 가지는 아예 내 사전에 없다는 원칙을 세워두어야 일을 망치지 않는다. 화를 내기 시작할 때, 이 두 가지만 피해도 반은 성공한 셈이다.

2. 화를 어떻게 다룰 것인가?

팀원이 사고 쳤을 때 리더가 화가 나는 건 당연하다. 사고 친 팀원을 달가워할 리더는 없다. 그러나 화를 내기 시작할 때 부정적인 말을 내뱉는 지뢰를 피하고 지혜롭게 화를 다루는 리더는 인정받고 성공한다.

예를 들어 팀원의 미스커뮤니케이션으로 중요한 거래처 납품 일정에 착오가 생겼다. 이로 인해 회사로서는 큰 피해를 피할 수 없게 되었다. 이 소식을 들은 김 부장은 말할 수 없이 욱하는 화가 치솟았지만 일단 화를 시작하는 지점에 팀원에 대한 비난이나 원망, 책임 추궁은 다행히 잘 피해 갔다. 그리고 나서는 이 열받는 상황을 심각하지 않게 다루기로 결심했다.

"흠…… 이 상황은 좀 난감하군." 혹은 "좀 당황스럽기는 하지만 해결 방법을 찾을 수 있을 거야. 더한 일도 많이 겪었잖아?" 이렇게 말함으로써 화를 다소 누그러뜨릴 수 있고 부정적인 감정을 좀 가볍게 다룰 수 있게 된다.

리더가 화를 내지 않는다고 팀원들이 해이해질 거라는 걱정은 하지 않아도 된다. 문제 상황을 리더가 긍정적으로 접근해서 해결책을 찾는다고 느낄 때 팀원들은 위축되지 않고 적극적으로 일할 수 있다.

예기치 못한 사고가 일어나거나 그로 인해 어려움을 한바탕 치러야 하는 경우는 직장생활을 하면서, 또 인생을 살면서 장애물 넘기 경기하듯 꾸준히 겪어야 하는 일이다. 그렇기에 마냥 화를 내기에 앞서 이 문제를 어떻게 다룰지를 항상 잘 생각해야 한다. 어려운 상황을 심각하지 않고 여유 있게 다루는 경험과 습관이 붙으면 아무리 화가 나도 길길이 날뛰는 품위 없는 모습을 피할 수 있다. 직장에서 아무리 화가 치솟아도 품위를 잃지 않는 방법이다.

3. 화가 나는 상황을 어떻게 이해할 것인가?

졸업한 지 3년 만에 천신만고 끝에 취직에 성공한 딸이 있다고 치자. 그 딸이 회사를 다닌 지 고작 3개월 만에 퇴사를 하네 마네, 회사가 비전이 있네 없네, 차라리 대학원을 갈까 유학을 갈까, 이러고 있는 꼴을 본 엄마는 당연히 화가 머리끝까지 뻗쳐오를 수 있다. 왜? 대학 졸업하고 3년이나 취직 준비한다고 갔다 쓴 돈이 얼마며 애태운 시간은 또 얼마인가? 돈 벌어다 제 엄마를 호강시켜줘도 모자랄 판에 뭐가 어쩌고 어째? 퇴사? 이쯤 되면 엄마 입장에서도 회사를 취미로 다니냐? 정신이 있냐 없냐, 별별 소리가 다 나올 수 있다. 그러나 그렇게 잔소리를 퍼붓는다고 퇴사를 고민하는 딸과 유익할 일은 아무것도 없다. 이때는 고민하는 딸을 어떻게 이해해야 할지 요령 있게 생각해봐야 한다.

공감1 "회사가 처음에 생각한 것보다 힘들구나."
공감2 "그러게 말야. 회사가 비전이 보이면 일할 때 훨씬 덜 힘들 텐데."

화를 내기 전에 먼저 상대의 상황을 이해해주려는 노력이 필요하다. 누군가의 이야기를 들으며 확 화가 치솟을 때, 그 사람의 마음을 공감해 준 후에 화를 내도 늦지 않는지를 생각해보자. 자신의 태도가 근본적으로 바뀔 수 있다.

관계 형성의 기본

소통 잘하기

같은 말도
기분 나쁘게 하는 놀라운 재주

Y유통의 해외사업부는 글로벌 브랜드를 국내에 런칭하는 업무를 맡고 있다. 최근 몇 년간 들여오는 브랜드마다 성과가 좋지 못해 사업부장이 2년을 넘기지 못하고 바뀌었다. 상황이 이쯤 되니 Y유통의 자존심이던 해외사업부는 몇 년 사이 이러지도 저러지도 못하는 골칫덩어리, 돈 먹는 하마, 그것도 돈을 많이 먹은 거대한 하마가 되어버렸다.

이때 구원투수로 등판한 사람이 바로 이미지 상무. S대를 수석으로 졸업하고 뉴욕의 P패션스쿨과 세계적 패션 브랜드 K, J, Q를 거쳐 화려한 스펙이란 스펙은 다 거머쥔 이 업계의 혜성이었다. 이미지 상무의 등장에 Y유통 안에서는 의견이 분

분했다. 지금까지 말아먹던 부서가 누구 한 사람이 새로 온다고 갑자기 바뀌겠느냐는 의견과 그래도 이 업계에서 최고라고 인정받는 사람이니 뭐라도 해내지 않겠냐는 기대감이 분분히 나뉘었다.

묘한 긴장감과 기대감이 섞인 첫 회의 날. 얼마나 간절했으면 오너가 지원사격이라는 궁색한 변명을 대가며 직접 참석했다. 지금까지의 현황과 문제점, 이미 계획되어 있는 사업에 대한 브리핑을 듣던 이미지 상무는 스포트라이트를 받는 주인공답게 몇 마디를 던졌다.

– 앞으로 진행할 런칭 계획은……○○과 △△이며 이것은 하반기……라는 대목을 듣고는 "아, 그건 어차피 안 되는 거구요.", "그게 되겠습니까? 지금 시장 흐름을 전혀 모르고 진행하셨어요."

– 지금까지 진행한 브랜드의 영업 현황에 대해서는 "일부러 안 되는 브랜드만 고른 게 참 신기하네요. 타율이 이렇게 떨어지는 것도 유통업계에서 쉽지 않은 일이거든요."

여기까지 들은 오너의 낯빛이 점점 변해가고 있었다. 이에 아랑곳없이 이미지 상무는 자신의 의견을 조목조목 피력해나가기 시작했다.

"제가 지금까지 말씀드린 내용 중에 틀린 말이 없다는 거 인정하시죠? 문제를 해결하려면 무엇이 잘못되었는지를 다 같이 공감해야 합니다. 거기에서부터 출발하시죠.”

틀린 말은 아니다. 이미지 상무가 조목조목 따지는 내용 중에 반박할 내용은 없는데, 왜 이렇게 불쾌할까? 자리에 모인 직원들은 마치 자신이 일방적으로 야단맞는 어린애라도 된 듯한 수치스러움을 감출 수 없었다. 회의 시간 내내 새로 온 이 상무를 주의 깊게 관찰하던 김 부장은 회의내용보다는 그녀의 말투에 경악했다. 지금껏 자신이 쓰던 말투와 거의 똑같아서 너무 놀랐고, 더 놀라운 건 그 말투가 어쩜 그렇게 비호감으로 들리는가였다.

김 부장은 “나는 원래 말을 직선적으로 해”, “내 성격이 솔직해서 그러니 다들 이해하도록”이라는 말을 자주 했다. 그러면서 자신은 말의 원칙을 효율과 정직으로 삼는다고 은근히 자부심을 느끼고 있었다. 효율이 가장 큰 원칙이다 보니 뭐든 스트레이트로 이야기했다. 돌려 말하거나 말랑말랑하게 쿠션 깔아가며 말하는 건 딱 질색이었다. 일 못하는 후배에게는 너는 팀원들 중에 가장 능력이 떨어진다고 대놓고 말했다. 근거로는 상반기 영업실적을 들이댔다. 김 부장의 말을 듣는 후배도 자신이 무능하다는 평가를 반박할 수 없는 듯했다. 그런데도 표정은 좋지 않았다. 김 부장은 그런 후배를 보며 “내가 틀린 말 했어? 왜 그렇게 입이 나왔어?”하고 못마땅해했다.

효율을 중시하다 보니 후배들에게 일방적으로 지시만 하고,

후배들의 보고를 들으면서는 "아니, 그건 안돼. 그 의견은 아니야. 내가 말한 대로 해"라고 후배의 의견을 잘라버리고 피드백을 한다든가 조금이라도 길게 말하는 후배에게는 "그래서 결론이 뭐야?"라고 닦달했다. 그러면서 자신이 팩트만 이야기하니 후배들이 반론을 제기하지 못한다고, 자신의 논리 정연함을 뿌듯해했다.

그러나 이게 웬일? 오늘 이 상무의 말투를 듣고 보니, 그와 판박이인 자신의 말투가 얼마나 사람을 기분 나쁘게 하는지 당해보니 알겠다. 최근 들어 팀원들이 왜 점점 더 서먹하게 느껴지는지 이유를 짐작할 수 있었다. '일도 못 하면서 성격도 안 좋다'고 대놓고 말하면서 '틀렸으면 틀렸다고 말해봐. 나는 팩트만 말해'라는 상사를 누가 좋아하겠는가. 팀원들의 실적도 내 말투 때문에 떨어졌나 싶어 김 부장은 울적해졌다. '해외사업부는 이번에도 잘되기는 힘들 것 같다. 객관적으로 볼 때 저런 리더가 이끄는 조직이 잘될 리가 있나'라고 생각하는 자신을 깨닫고는 깜짝 놀랐다. 생각이 여기까지 미치자 오늘부터라도 자신의 말투를 어떻게 좀 해봐야겠다고 생각했다.

'흠……, 말투를 어디서부터 어떻게 다시 고쳐야 할까?'

정떨어지게 말하는 것도
습관이다

말은 상황과 뉘앙스, 분위기 등 여러 요소가 복합적으로 어우러져 그 의미가 상대에 전달되는 대단히 예민한 것이다. 그래서 나의 말로 인해 상대가 상처 입은 이상, 나쁜 뜻은 아니었다는 변명은 결코 변명이 되지 못한다. 내 말의 의도와 상대가 입은 상처의 갭이 크면 클수록 그 관계는 더 어려워진다. 나쁜 말버릇을 가지고 있다면 당장 고쳐야 하는 이유다.

1. 솔직함을 가장한 무례한 말

"내가 틀린 말 했어?"

"난 뒤에서 딴말 안 해. 나는 속에 있는 말은 해야 하는 성미라서."

이런 말투는 솔직한 말이 아니다. 쿨한 말은 더더욱 아니다. 그저 남에게 무례하게 구는 것을 정당화시킬 때 종종 동원되는 문장일 뿐이다.

억울해하는 상대에게 "어쨌든 팩트잖아?"라고 말하는 지경까지 가면 상대를 약 올리려고 작정한 사람처럼 보인다는 걸 본인만 모를 뿐이다. 주로 이런 말은 나이 많은 사람이 어린 사람에게, 선배가 후배에게 충고랍시고 저지르는 폭력이다. 팩트면 뭘 말해도 괜찮다고 생각하지 말자. 상대에게 도움이 되는 조언도 아닐뿐더러 그저 본인의 부족한 인품만 드러날 뿐이다.

2. 사람 힘 빠지게 만드는 말

남이 잘해보겠다는 일에 찬물을 끼얹는 유형이다. 남이 성의껏 이야기했는데 거기다 대고 "근데 뭐? 그게 뭐 대단해?"라고 말하며 입을 삐죽거리거나 피식하는 비웃음까지 세트로 장전하면 웬만큼 멘탈 강한 사람이 아니고서야 얼굴 빨개지며 화가 나기 마련이다.

누군가가 의욕적으로 세운 계획이나 꿈에 부풀어서 장래에 대한 희망을 이야기하는데 이에 대한 반응이 심드렁하면 당황한다. 유튜브에 직장인 브이로그를 시작해보겠다고 의욕에 차서 말하는 후배에게 "유튜브? 그거 이미 포화상태인 거 몰라? 아서라, 그게 되겠어?"라고 말하면 그 말을 듣는 후배는 한순간 힘이 쭉 빠져버린다. 그뿐인가. 있던 정도 뚝 떨어지게 만드는 놀라운 효과가 있다.

내가 하는 일에 찬물 끼얹는 사람을 좋아할 리 없지 않은가. 축하할만한 일에 대단하다고 감탄하는 사람이 있는가 하면, 일단 반의반으로 폄하하느라 기를 쓰는 표현들이 바로 힘 빼는 말투다. 심보의 문제이기도 하지만 습관 탓이다. "글쎄 되겠어?"라고 말하는 습관적인 부정 반응은 당장 없애야 할 애물단지다.

3. 부정적으로 시작하는 말

살면서 어떻게 타인에게 좋은 말만 할 수 있을까. 화가 나면 말이 못 되게 나갈 수도 있고, 갈등 상황에서는 부드러운 대화가 어려울 수도 있다. 그러나 중요한 것은 말의 첫마디를 부정적으로 시작하면 반드시 끝이 좋지 않다는 사실이다.

술을 먹고 늦게 들어온 남편에게 첫마디를 "지금이 대체 몇 시야? 제정신이야?"로 시작하면 당연히 끝이 좋지 않다. 거래처와의 커뮤니케이션에 실수한 후배에게 직장 상사가 건네는 첫마디가 "정신을 어디다 두고 일하는 거야?"로 시작된다면 그 대화의 끝은 이미 정해져 있다.

상대를 비난하거나 모욕하는 첫마디는 그 의도가 사랑이든 걱정이든, 이미 상대에게 아웃을 선언당한 것이나 마찬가지다. 정떨어진 다음에는 사탕발림해도 아무 소용 없다.

4. 아무튼 지적하는 말

출근한 후배에게 "너는 어디서 그런 해괴한 옷을 사니? 그 것도 재주다"라고 말하는 선배라면, 그가 어떤 인간관계를 형성하는지는 안 봐도 알만하다. 누군가의 결점 찾기, 습관적인 지적질은 주로 쥐꼬리만한 권력이라도 가진 사람이 부리는 허세인 경우가 많다.

"그렇게 모니터만 들여다보고 보고서 꼼꼼하게 쓴다고 승진하는 거 아니다. 사람이 융통성도 있고 주변 돌아가는 상황도 봐야지. 참나, 답답하기는."

이 말에 세트로 붙는 문장은 뭘까? "다 너를 생각해서"이다. 이처럼 지적하는 말에 "다 너를 생각해서"가 세트로 묶인 말을 조심하자. 이 말을 듣고 '정말 나를 생각해서 하는 말이니 기분 나쁘더라도 참아야지'라고 착각하면 안 된다.

물론 진짜 후배를 생각해서 하는 선배의 말도 있다. 그러나 자신의 감정적 노력, 물질적 노력을 쏟지 않고 말로만 나를 생각한다는 것은 거짓말이다. 업무에 문제가 생겨 머릿속이 하얗게 되어 이리 뛰고 저리 뛸 때, 함께 뛰어준 선배에게만 "너를 생각해서"라는 말과 지적을 허락하라. 물리적, 정서적으로 아무 도움도 주지 않고 말로만 나를 생각한다는 사람의 지적이라면 그냥 무시해도 된다. 불필요한 지적에 단순히 상대에게 정떨어지는 정도가 아니라 '내가 그렇게 형편없는 사람인가'하는 자괴감에 빠질 필요가 없다는 점도 밝혀둔다.

타인과 함부로 공유하면
반드시 후회하는 2가지

✦

"저분 당신 회사 상무님 아냐?"

"상무님이 주말에 여길 왜 와? 그 양반 분당 살아. 일산까지 올 일이 있겠어?"

남 과장은 건성으로 대답한다. 갓 돌 지난 아들이 안 먹겠다고 장난치며 밀어내는 이유식을 아들 입에 도로 넣으려 애쓰는 중이다. "숯불갈비집에 오면 뭘 해. 고기 먹을 틈도 없는데"라고 투덜거리지만 입을 오물거리는 아들이 눈을 뗄 수 없게 예쁘다.

고기를 코로 먹는지 입으로 먹는지 알 수 없는 전쟁 같은 외식을 마치고 계산을 하고 나올 때 보니 정말 김 상무가 맞다. 게다가 함께 있는 이는 A업체 사장이라……. 이상하지 않은가. 주말에 거래처 사장과 고깃집 회동이라니.

　다음날 출근한 남 과장. 커피 한잔하자고 휴게실로 불러낸 동료 김 과장에게 자신의 목격담을 은밀하게 전했다.

　"이상하지 않아? 왜 주말에 그 멀리까지 가서 A업체 사장이랑 고기를 먹겠어? 아무리 임원이라도 그렇지, 씀씀이가 보통이 아니잖아. 역시 어디서 돈 나오는 구석이 있던 거지."

　한참을 수군수군 수다를 떨고 나오는데 뒤통수가 좀 켕기긴 했다. 김 과장이 입이 가볍던가? 괜히 말했나? 찜찜해진 남 과장이 카톡으로 한 번 더 다짐을 한다.

　[김 과장만 알고 있어. 다른 사람들한테 말하면 안 돼.]

　다음날 업체와 미팅을 끝내고 사무실로 돌아오는데 엘리베이터 앞에서 김 상무를 만났다.

　"상무님, 안녕하세요."

　"아, 남 과장. 요즘 좀 한가한가 봐?"

　"네?"

　"아니, 그래 보여서."

그렇게 말하고 웃으며 지나가는 김 상무. '무슨 뜻이지? 한 가하냐고?' 짚이는 게 있었다. 김 과장이 그새 말을 흘렸나? 얼굴이 벌게져서 사무실에 뛰어 들어온 남 과장은 김 과장에게 누구에게 무슨 말을 했는지 닦달한다.

"무슨 소리야?"

"김 상무가 나한테 왜 그런 말을 하냐고? 네가 무슨 말을 했으니 김 상무 귀에까지 들어간 거 아니야."

"참나, 말하고 다닌 건 당신이지. 나는 듣고 있었고. 어디 와서 생사람을 잡아."

"확실하지? 아무 말도 안 한 거지?"

"참나."

김 과장은 대답 대신 남 과장을 흘겨보고는 신경질적으로 나가버린다. 사실 남 과장은 확실하지도 않은 말을 전해서 낭패를 본 적이 이번이 처음은 아니다. 지난번에도 기획팀의 김 대리와 박 과장이 비밀 사내 연애 중이라는 루머를 퍼뜨린 장본인으로 찍혀서 한동안 애를 먹었다. 그뿐인가. 경력직으로 입사한 팀장과 한번 잘 지내보려는 의욕이 넘쳐 자신의 예전 직장 상사와 있었던 갈등과 혈투의 흑역사를 가감 없이 브리핑하는 바람에 초반부터 서먹해져서 지금껏 어색한 사이로 지내는 중이다.

말하고 나서 후회하는 습관을 남 과장은 참 고치지 못한다. 이번 일만 해도 '김 과장에게 말하지 말걸'하고 말하자마자 바로 후회하기 시작했다. 김 상무의 의미심장한 그 말이 계속 머릿속에서 떠나지 않는다. '상무님도 고깃집에서 나를 봤나? 아니면 김 과장이 누군가에게 말해서 이미 소문이 돌았나? 아니야, 그냥 김 상무가 할 말도 없고 하니 그냥 해본 소리겠지. 별뜻 없이 한 말일 거야.'

빈 모니터만 응시하고 있지만 머릿속에서 생각은 꼬리에 꼬리를 물고 점점 마음이 찜찜해 죽을 맛이다. 이번에도 괜히 이야기해서 김 과장과의 사이만 꼬였다. 말 때문에 사람들과 관계에 자꾸 문제가 생긴다는 걸 당사자인 남 과장만 모른다. 이런 경우 입단속이 안 되는 사람이라고 손가락질하면서도 특별히 나서서 성의있게 충고해 주지 않는 것이 어른들의 세계다.

말하기 전에 3초 더 생각하는 습관을 기르자. '절대 다른 사람한테 말하면 안 된다'는 전제를 두고 이야기를 할 거라면 차라리 입을 다무는 게 낫다. 해도 되는 말과 하면 안 되는 말을 구분하는 기준은 '이 말을 하면 후회하지 않을까'이다. 나중에 후회할 이야기라면 처음부터 안 하는 게 나에게 이득이다.

타인에게 함부로 말하면
반드시 후회하게 되는 2가지

〈타인은 지옥이다〉라는 제목의 드라마가 있다. 대화법에서 이 문장을 활용해보면 '타인에게 하지 않아야 할 말을 하면 지옥이 될 수 있다'라고 풀어쓸 수 있다. 우리는 쉽게 남에게 이야기를 전하고 그 내용 때문에 자기 발에 걸려 넘어지는 경우가 있다. 누군가에게 이야기해봐야 내 함정 내가 파서 스스로 그 속에 빠지는 꼴이 되는 다음 두 가지를 주의하자.

1. 주제넘는 말

참견과 간섭의 말. 그리고 참견과 간섭을 하면서 본의든 아니든 남에게 상처 주는 말이 대표적이다. 참견과 간섭에 늘 세트로 묶이는 것이 '너를 위해서'라는 핑계다. 돈 잘 쓰는 후배에게 "그렇게 사람이 헤퍼서 집은 언제 살래?"라고 참견하거나, 춤을 너무 좋아하는 딸아이가 2달 동안 공연 연습을 하는 걸 보고 화가 난 엄마가 "그 시간에 공부하는 게 네 인생에 도움 되는 일"이라고 쏘아붙이는 것이 바로 옳지 않은 간섭이다. 이유를 막론하고 타인을 향한 참견과 간섭은 주제넘는 짓이다.

하루 종일 한 번도 웃는 얼굴을 하지 않거나 동료에게 따뜻한 말 한마디 하지 않는 김 과장이 있다. 그저 자기 일만 하고 남의 일에는 관심이 없다. 당연히 동료들은 김 과장을 그리 좋아하지 않는다. 사람이 너무 차갑다거나 시니컬하다는 평가를 들어도 정작 김 과장은 별로 신경 쓰지 않는 눈치다.

김 과장의 동기인 최 과장은 아주 정반대 타입이다. 친절하고 배려깊고 특히 후배들의 일이라면 팔 걷어붙이고 돕는다. 계속 일을 실수하는 후배를 옆에 앉혀놓고 함께 야근하며 일을 가르치는가 하면 부부관계가 좋지 않아 고민하는 동료의 결혼생활 상담까지 자처한다. 그런데 여기서 반전은 직원들은 김 과장보다 최 과장을 더 기피한다. 이유가 뭘까? 한번 도와주면서 친해진 동료, 후배에게는 시도 때도 없이 간섭하기 때문이다. "노노, 거래처에 그렇게 전화하면 돼 안돼?", "옷이 그게 뭐니? 점점 취향 이상해지네? 점심시간에 와봐. 옷 좀 같이 골라보자", "남자 보는 눈이 그렇게 없어서야. 걘 아니야. 딱 보니 별로던걸?"

참견, 잔소리, 간섭은 상대를 불쾌하게 만들거나 상처 입힐 수 있다. 품 팔고 사람 잃는 습관의 전형이다.

2. 남이 알면 곤란한 일

남이 알면 곤란해지는 일들이 있다. 확인되지 않은 루머, 뒷담화, 회사 임원의 비리, 나의 흑역사, 타인과의 심각한 갈등, 나의 치부. 이런 일들을 답답한 마음에 남에게 털어놓고 싶은 순간이 있다. 그러나 남에게 말하는 순간, 좋은 일보다는 나쁜 일이 일어날 가능성이 더 크다. 그 나쁜 일이 일어나는 과정은 이렇다.

1단계, 남이 알면 곤란한 일을 내가 타인에게 말하는 순간 반드시 제3자에게 새어나간다. 세상에 비밀은 없다. 말은 쏘아 놓은 화살과 같아서 입에서 나간 순간 돌이킬 수 없다. 절대 말하지 않기, 손가락 걸고 도장 찍고 손바닥 부비며 복사하면서 상대에게 절대 엄금을 외쳐봐야 소용없다. 상대가 입이 가벼워서가 아니다. 원래 비밀의 속성이 그렇다.

2단계, 말이 제3자에게 새어나가지 않더라도, 내가 남에게 비밀을 말하는 순간 나도 상대의 마음도 그 비밀의 무게만큼 부담스러워진다. 기쁘고 좋은 소식은 사람의 마음을 가볍게 하지만 음침하고 어둡고 부정적인 소식은 사람의 마음을 무겁게 만든다. 말을 내뱉은 나 역시 괜히 말했나, 혹시 새어나가면 어쩌지라는 걱정에서 자유롭지 않다. 결국 아무에게도 이득이 없다. 후회만 남을 뿐이다.

쉿, 이 말만은 아끼세요.
품격 있는 사람들의 대화

김창수 팀장은 아침부터 부글부글 열이 뻗쳐서 일이 손에 잡히지 않는다. 벌써 몇 번째인가. 한가해 과장이 대놓고 회의 시간에 불참하거나 뒤늦게 어슬렁거리며 나타나는 것은 거의 김 팀장에 대한 시위에 가깝다. 그런데 회의실에 들어오고 나서가 더 문제다. 아예 회의 분위기를 망치려고 작정한 듯 삐딱하게 앉은 자세만큼이나 말투도 삐딱, 그 내용도 삐딱하다.

국내 굴지의 보험사인 P사는 유난히 평균 연령층이 높다. 정년이 보장되는 데다 복리후생도 좋아서 좀처럼 퇴직자가 없다. 특히 나이가 들수록 퇴직률이 거의 없는 편이다. 이러다 보니 젊고 유능한 팀장들이 늘어나고 나이 든 과장들은 팀원으로 함께 일하는 구조가 된 것이 현 상황이다. 상황이 이렇다 보니 종종 불협화음이 일어난다. 몇 년 전까지만 해도 한참 후배였던 직원이 어느 날 팀장으로 발령받아 오면 고령의 팀원은 한참을 혼란스러워한다.

회사에서도 이런 상황을 알고는 있지만 딱히 해결하지는 못하고 있다. 김창수 팀장이 한 과장 때문에 골치가 아프지만 혼자 끙끙 앓을 수밖에 없는 이유이기도 하다. 처음부터 골치가 아팠던 건 아니다. 사내에서 빠른 승진으로 소문난 김창수 팀장은 능력만큼이나 의욕이 하늘을 찔렀다. 나이 많은 선배가 팀원으로 있다고 한들 그게 대수냐 싶었다. 오히려 경력이 많으니 서로 도우면 어린 친구보다 도움을 더 받을 수 있겠다는 기대는 결국 김 팀장의 착각이었다.

팀장을 무시하고 팀원들을 선동하고, 매번 부정적인 분위기를 조장하는 한 과장. 오늘도 역시 회의 중간에 들어와 휴대폰만 들여다보는 한 과장 때문에 어떻게 회의를 마쳤는지 기억도 나지 않는다. 자리로 돌아온 김 팀장은 드디어 폭발하고 말았다.

"한 과장님. 선배면 선배답게 행동하세요. 지금 뭐 하는 겁니까? 아니, 진급 누락되고 아직도 과장으로 있는 게 유세예요? 회의 시간에 대체 왜 그러는 건데요? 분위기 망치지 말고 그냥 없는 사람처럼 있든가. 그렇게 못마땅하면 다른 부서로 전배 신청하세요. 함께 일 못하겠네요, 진짜."

김 팀장의 가시 돋친 말을 기가 차다는 듯 듣고 있던 한 과장은 김 팀장을 매섭게 쏘아보다가 한마디 말도 없이 사무실을 나가버렸다. 사무실에는 찬물을 끼얹은 듯한 정적이 감돌았고, 한바탕 퍼부은 김 팀장 역시 마음이 상해서 자리에서 일어섰다.

일은 많지, 한 과장과는 한바탕했지, 어차피 일도 손에 잡히지 않는 김 과장은 ○○지점의 동료 최 팀장에게 갔다. 아무나 붙잡고 하소연이라도 하지 않으면 못 견딜 것 같아서였다. 최 팀장은 성격 좋기로 사내에서 정평이 난 인물이었다. 생긴 것도 둥글둥글, 기분 좋은 눈웃음만큼이나 성격도 원만하고 주변에 사람도 많다. 그런 최 팀장이 김 팀장의 한바탕 소란을 전해 듣고 특유의 초승달 같은 웃음을 지으며 차를 권한다.

"속에서 불이 났구먼. 시원한 아이스 커피나 한잔 쭉 들이켜. 직장생활 하면서 속상한 일 많지 뭐. 힘들 때마다 일일이 싸우면 어디 남아날 사람 있겠어?"

"한두 번도 아니고, 아예 일을 안 하겠다고 작정한 사람처럼 사사건건 트집이고 불만이야. 그리고 팀원들을 선동한다니까. 팀장이 아직 경험이 없어서 저러는데, 저렇게 해봐야 안 된다. 내가 해봐서 아는데…… 이런 식이라니까!"

"김 팀장. 내가 사람들 사이에서 적이 없는 팀장으로 불리는 이유가 뭔지 알아? 성격이 좋아서? 사람들에게 싫은 소리를 못

해서? 아니야. 팀원들에게 싫은 소리는 내가 더 많이 할걸? 당연히 팀원들에게는 따끔하고 단호하게 말해야지. 한가해 과장이 나하고 일했다면, 아마 김 팀장이 한 것보다 훨씬 마음 아픈 이야기를 내가 더 많이 했을 거야.

그래도 김 팀장처럼 확 사이가 벌어지게는 안 했겠지. 어떻게 그러냐고? 나는 남이랑 싸울 때도 넘지 말아야 할 선은 정확히 지키거든. 우리는 가족이 아니기 때문에 상대를 용서할 수 있는 범위가 좁아. 그래서 경계를 넘는 말을 하는 순간 돌이킬 수 없는 관계가 돼. 이제 한 과장 마음 돌리기는 어려울 거야. 일단 마지노선을 넘었어. 한 과장의 아킬레스건이 뭐겠어? 자신이 무능해서 진급에 계속 누락된 거 아냐? 김 팀장도 알면서 그걸 건드린 거지. 그리고 오늘 회의에 대해서만 이야기했어야지 왜 예전 일까지 다 끄집어내? 그러면 잘못했다는 생각이 들다가도 점점 반발심만 일어난다고. 김 팀장도 예전에 직장 상사한테 깨져봤으면서 그걸 기억 못하다니 원. 아무리 열받아도 다른 팀으로 전배 가라고 한 건 너무했다. 그거야말로 김 팀장이 먼저 한 과장과의 관계를 끝내버린 거잖아? 이러면 수습하기가 어렵지. 겉으로야 '잘해봅시다'하며 서로 이야기해도 속으로야 어떻겠어? 이미 종료된 관계가 되는 셈이야. 그래서 일단 회사에서는 아무리 욱해도 내가 지켜야 할 경계를 먼저 떠올려야 해."

아무리 욱해도
끝까지 사수해야 하는 말의 경계선

화가 난 상태에서는 주워 담을 수도 없는 막말을 내뱉기 쉽다. 우리가 인간인 이상 이런 실수에서 누군들 자유로울까? 그래서 아무리 화가 나더라도 여기까지는 말하지 않는다는 원칙을 미리 세워두면, 나중에 땅을 치며 후회하는 사태를 일으키지 않을 수 있다. 매우 유익한 방법이니 잘 활용해보자.

1. 상대의 아킬레스건

나를 화나게 한 사람과 완전히 관계를 끝내고 싶지 않다면 넘지 말아야 할 경계선은 바로 상대의 아킬레스건이다. 부부싸움을 한다고 치자. 아내의 최대 콤플렉스는 부모님의 이혼이다. 그런데 남편이 그걸 뻔히 알면서도 화가 났다고 "네가 뭘 보고 배우면서 컸겠니. 그래서 가정환경이 중요한 건데"하고 말한다면 아무리 싸움의 원인을 아내가 제공했다고 하더라도 그 부부싸움의 원흉은 남편이다.

회사에서도 마찬가지다. 지방대 출신이라는 것이 콤플렉스인 직원에게 "이래서 출신 학교가……"라고 말하는 직장 상사는 아무 소득 없이 적을 양산하는 어리석은 리더다. 직원의 잘못에는 팩트로 폭격을 가해야지 "출산하고 오면 감 떨어져서 같이 일하기 힘들다니까"라고 말한다면 가뜩이나 워킹맘으로 살면서 심신이 피곤한 직원은 마음속으로 조용히 상사를 손절하게 된다.

2. 켜켜이 쌓인 서운함

감정을 꾹 참다가 한꺼번에 터뜨리는 유형이 있다. 자기 딴에는 참고 넘어가겠다고 계속 참아왔겠지만, 갑자기 켜켜이 쌓아둔 오래된 서운함을 한꺼번에 분출한다. 그렇게 되면 상대와 돌이킬 수 없는 사이가 되는 것을 각오해야 한다. 왜냐하면 상대는 느닷없이 화를 낸다는 느낌을 받기 때문이다. 자기는 꿈에도 그런 식으로 서운하게 한 적이 없다고 생각하기 때문에 억울해할 것이다. 미안한 마음이 아닌 억울한 마음을 가진 사람과는 화해하기 쉽지 않다.

3. 존재를 부정

국내 기업 중, 관례상 퇴직 일 년 전 직원들은 그저 출근만 형식적으로 시키는 회사가 있다. 직함은 그대로인데 단순히 출근해서 헬스클럽에 가거나 도서관에 가거나, 아무튼 업무와는 상관없이 시간을 때운다. 결재도 하지 않는다. 회의도 참석하지 않는다. 회사는 그걸 나름 퇴직 전 배려라고 생각하는지 모르지만, 이야말로 오래 근속한 직원의 존재를 부정하는 나쁜 문화라고 할 수 있다.

사람은 누구나 자기 존재를 인정받고 싶어 한다. 따라서 인정받고자 하는 욕구를 부정하면 그 관계는 깨지기 마련이다. 말 한마디에 나는 새도 떨어뜨릴 권세를 누리던 부장이 퇴사가 가까워졌다고 얼마 전까지 자신이 들었다 놨다 하던 부하 직원들에게 뒷방늙은이 혹은 투명인간 취급을 받는다면, 그 직원이 퇴사 후 회사에 애틋한 감사의 마음을 가질 리 없다.

가까운 사이에서도 마찬가지다. 가족들 간에 갈등이 벌어졌을 때 "당신이 집에서 하는 일이 뭐야?"라고 소리쳤다고 가정해보자. 이 말은 '당신이 없는 게 낫다'라는 식의 그 사람의 존재 자체를 부정하는 의미로 전달된다. 당연히 그 관계는 산산조각 깨져서 다시 이어 붙인들 예전처럼 돌아갈 수 없게 된다.

못된 직장 상사들의 단골 멘트가 있다. "대체 네가 조직에 기여하는 게 뭐야? 그냥 가만히나 있어. 사고치지 말고." 불필요한 비난은 입으로 자기 무덤을 파는 일이다.

4. 관계 종료 선언

욱하는 심정에 막말을 쏟아내고 나서 하는 공통된 변명.
"그럼 화났을 때 무슨 말인들 못 하냐!"
이미 말은 뱉어졌고 관계는 틀어졌고 상황은 돌이키기 힘들다. 그중에서도 욱해서 하는 대표적인 막말이 바로 관계 종료를 선언하는 말이다.

부부싸움을 하다가 "이혼해!", "그래, 나야말로 바라던 바다! 하자 해!"
자녀를 야단치다가 "그렇게 속 썩일 거면 집에서 나가!"
회사 동료와 말싸움을 하다가 "내가 너랑 다시 말을 섞으면 사람이 아니다!"

상대와의 관계를 영원히 끊자고 결정한 게 아니면 관계 종료를 공식적으로 선언하지 말자.

친구나 동료가 이 사람과는 더 이상 어울리지 않는 것이 낫겠다고 여겨지더라도 관계 종료를 말로 공식화하지 말고 자연스럽게 멀어지자. 사람 일은 앞을 알 수 없고 말은 뱉어놓고 나면 후회하게 된다. 관계 종료를 선언하게 되면 갈등의 원인을 누가 제공했든 관계 종료를 공식화한 사람이 결국 비난의 대상이 된다. "네가 관계 끊고 살자고 했잖아!"라는 원망을 두고두고 들어도 할 말이 없는 이유다.

사람이 잘못 배운
티 나는 순간

✦

한 이사는 쉽게 말해 낙하산이다. 친정아버지의 회사를 남편이 물려받아 승승장구하는 동안, 아들 둘에 딸 하나를 키우느라 10년 세월을 훨씬 넘겼다. S대 출신에다가 똑똑하고 유능하기로 따지면 남편보다 몇 수 위인데, 어느 날 정신을 차리고 보니 그저 그런 아줌마가 되어있었다. 그리고 그 사실을 깨달은 순간, 그녀는 자신의 경력 단절을 단절시키겠다고 선언했다. 그러나 이제 와서 당장 어디 취직할 데도 없고 결국 남편의 회사에 이사로 출근하기 시작한 그녀.

한 이사도 처음에는 의욕이 넘쳤다. 회사에 출근하는 자체만으로도 두 뺨은 발그스레 생기발랄해졌고, 사모님이 아닌 이

사님이라고 불리는 것도 생각보다 기분 좋은 일이었다. 일이야 어차피 직원들이 하는 것이지만 대학에서 마케팅을 전공한 한 이사는 업무 자체에도 근거 없이 자신감이 솟구쳤다.

문제는 일을 하면 할수록 심기를 거슬리는 직원이 있으니, 바로 한 이사의 수족처럼 움직여야 하는 마케팅본부의 김 팀장. 성격 탓인지 명색이 오너의 와이프인데 아부할 의지가 없다. 그렇다고 스펙이 대단한 것도 아니다. 무엇 하나 내세울 것 없고, 회사 레벨에 비하면 좀 처진다 싶은 대학 졸업에다가 외모로 팀장 하는 건 아니라지만 패션 감각도 한 이사 눈에는 못마땅하기 짝이 없다.

그런데 이상한 일은 그런 김 팀장을 직원들이 대단히 따른다는 사실이다. 대체 왜? 그녀와 공통점이라고는 하나도 없는 김 팀장이 직원들의 인정을 받고 자신은 오너인데도 묘하게 진심 어린 존중을 받지 못하는 이유를 한 이사가 알게 된 것은, 회사에서 좌충우돌하는 시간을 꽤 보내고 난 후였다.

김 팀장은 항상 일찍 출근한다. 회사 입구에서 만나는 경비부터 시작해서 청소 용역 직원들에게까지 빠짐없이 인사한다. 그냥 "안녕하세요"가 아니라 "늘 고맙습니다"라는 말까지 덧붙인다. 식당에 가서도 직원들에게 허투루 이야기하는 법이 없다. 저렇게까지 해야 하나 싶을 정도로 공손한 존대에 단골 삼

겹살집 아주머니들에게는 밥 먹기 전에 팁부터 건넨다. 그러고
는 변명처럼 하는 말이 "우린 지금부터 소주 마시며 놀 건데
아줌마들도 기분 좋으면 더 신나잖아"란다.

그런데도 거래처에는 똑부러진다. 제법 큰 거래처에서 마음
대로 시안을 바꾸거나 데드라인을 무리하게 조정해달라고 막
무가내로 나오면 더 막무가내로 거절한다. 힘센 이들이라고 알
아서 기는 법이 없으니 팀원들이 대리만족을 느낄 법도 하다.
오너 입장에서는 아슬아슬한 대목인데 실무 팀장이 밀어붙이
니 딱히 참견할 수도 없다.

한해 몇십억짜리 거래처에는 그렇게 당당하면서 직원들한
테는 또 나긋나긋하다. 어느 때 보면 팀장으로서 좀 체통을 지
키라는 소리가 목까지 넘어와 참느라 애먹었다. 직원들이 야근
하면 족발이랑 김밥을 사다 나르는 팀장이 일반적인가? 자신
이 직장생활을 안 하는 동안 그런 문화가 새로 생기기라도 했
는지 한 이사가 어리둥절해할 때 "김 팀장은 원래 권위 의식이
전혀 없다"는 이야기를 들었다.

그래 일은 그렇다 치자. 한번은 한 이사가 참다못해 "김 팀
장, 내가 옷 몇 벌 사줄게요"라고 외치며 옷에 가방에 신발까지
선물했다. 함께 다녀야 하는 스텝인데 촌스러워서 견딜 수가
없었기 때문이다. 한심했다. 저 나이에 왜 저렇게 패션 감각이

없는지.

돼지갈비를 굽는 회식 자리에서 한 이사가 직원들에게 물었다.

"어떤 브랜드 좋아해요? 마케팅을 하려면 자기 취향도 대단히 신경 써야 할 것 같은데. 나는 촌스러운 사람이 참 별로더라. 자기관리 안 되고 문화나 패션이나 먹는 취향까지 촌스러우면……."

일장 연설을 하고 집에 오는 길에 그녀는 모처럼 뿌듯했다. 자신의 타고난 감각을 직원들에게 전수해 줬다고 느꼈다. 남편에게 신나서 회식 때의 활약상을 이야기하자 그녀를 빤히 쳐다보던 남편이 혀를 찬다.

"당신은 한참 멀었어. 금수저에 철부지야. 직원들한테 잘못 배운 티를 팍팍 내고 다니면서 본인만 그걸 모르니 원. 돈으로 누릴 수 있는 취향에 우월감을 드러내지 마. 그들에게는 그들의 취향이 있어. 많이 배우고 많이 가졌으면 자신이 가진 걸 어떻게 못 배우고 못 가진 사람에게 나누어서 긍정적인 영향을 줄 수 있을지를 생각해. 그래야 제대로 배운 사람 노릇 하는 거야."

사람이 잘못 배운 티 나는
3가지 순간

1. 차별하는 순간

누군가를 차별하는 순간 그 사람의 인상, 품성이 모두 드러
난다. 가장 쉬운 예로 가족을 어떻게 대하는지를 보면 알 수 있
다. 남에게는 간도 쓸개도 다 내줄 것처럼 잘하면서 가족은 함
부로 대하는 사람이 있다. 남에게는 잘하면서 집에만 오면 배
우자를 무시하고 자녀를 비난하며 부모에게 무심하다면, 그 사
람은 이미 어리석은 차별주의자이다. 돈, 힘, 권력, 명예 등이
있고 없고에 따라 상대를 가려가며 목에 힘을 주거나 납작 엎
드리거나 자신의 태도를 바꾼다면 그는 이미 세상사를 잘못
배운 티를 여실히 보이는 셈이다.

2. 갑질의 순간

돈을 쓰는 것 자체를 권력인 줄 착각하는 사람들이 있다. 여

기서 내가 돈을 쓰니 왕이라도 된 것처럼 언성을 높이고 함부로 말하고 무례하게 구는 것을 갑질이라고 한다. 내 돈 쓰는데 부당한 처우를 당하고 있다는 생각이 드는 상황이라도 '정중하게' 따져야 한다.

비단 돈을 쓰는 상황이 아닌 회사에서도 갑질은 있다. 내 직위가 높다고 아랫사람을 쥐 잡듯 잡는 것은 결코 카리스마가 아니다. 리더십도 아니다. 그냥 갑질이다. 직급 높다고 함부로 사람을 대하지 마라. 직급은 결코 영원하지 않다.

3. 무시의 순간

그릇된 자기과시가 있는 사람은 남을 쉽게 무시한다. 특정 분야에 대해 특히 그러기 쉽다. 많이 배웠다고 못 배운 사람을 무시하는 사람, 자신의 외모에 자신감이 지나쳐 다른 사람의 외모를 무시하는 사람, 패션에 관심이 많고 잘 알고 있다고 그런 쪽에 관심 없는 사람을 무시하는 사람, 미술에 조예가 깊다고 그 분야에 문외한인 사람을 무시하는 사람, 같은 음악이라 하더라도 자신이 오페라를 좋아하면 트로트나 록음악을 무시하는 사람. 타인을 무시하는 유형은 한도 끝도 없다.

많이 배울 수 있거나 고급스런 문화를 누릴 수 있는 사람은 그런 환경이 자신에게 주어짐을 감사해야 한다. 그리고 자신이 누린 것을 많은 것이 결핍된 사람들을 돕는 데 써야 한다. 미모도 한순간, 좋은 회사의 높은 직급도 영원하지 않다는 것을 늘 명심하자.

인간관계 좋은 사람은
무조건 말이 예쁘다

이대로 과장과 김꽃잎 과장은 R전기의 사내 커플이다. 몇 년간 요란법석을 떨며 연애를 하더니 무사히 결혼에 성공하고, 결혼한 지 딱 일 년 만에 쌍둥이를 출산하며 인생사 주요 대목을 회사 직원들에게 중계하듯 살고 있다. 성과급이 나올 때마다 "따블로 받으니 얼마나 좋아"라는 말부터 시작해 함께 퇴근하는 주차장에서 "카풀하니 얼마나 좋아"라는 말까지. 놀림 반, 부러움 반의 찬사를 들으며 직장생활도 이제 10년 차에 접어들었다.

사람들은 같은 회사에서 근무하는 맞벌이라고 부러워하지만, 이들 부부의 속앓이를 몰라서 하는 소리다. 맞벌이라 하더라도 차라리 서로 다른 회사에서 근무하면 모를까, 이건 한 회사에 부부가 함께 있으니 뭐든 눈치가 보이고 활동도 자유롭지 못하다. 한마디로 직장생활이 불편하다. 가장 마음을 힘들게 하는 것은 아내인 김꽃잎 과장에 비해 남편 이대로 과장이 회사에서 훨씬 인정을 못 받는다는 데 있다. 나이가 5살 많은 이대로 과장은 이미 팀장 승진이 두 번이나 누락되었다. 김꽃잎 과장은 이번 승진자 명단에 당당히 들어갔다. 이제 다음 달부터는 팀장으로 불리는 것이다.

상황이 이렇다 보니 직원들도 대놓고 축하는 못 하고 어정쩡 눈치만 본다. 남편이 진급이 안 되는 상황에서 아내가 좋다고 희희낙락할 수도 없고 그렇다고 울상을 짓고 다닐 수도 없으니 속만 탄다. 오죽하면 옆에서 지켜보던 김 부장이 깐족거리며 한마디 한다. "이래서 사내 연애를 사규로 금지해야 하는 거야. 어쩔 거야 이 분위기?"

팀장 승진이 되고도 울적한 김꽃잎 과장은 제일 믿는 Y선배를 만나 회사에서 한참 떨어진 식당으로 갔다. 마음이 시끄러운 상태에서 직원들 마주치는 게 불편해서였다.

"사람들 보기 민망해 죽겠어. 이번에는 좀 올려주지 왜 또 떨어뜨리는 거야. 뭘 그렇게 대단히 부족하다고. 내가 얼굴을 들고 다니지 못하겠다니까."

설렁탕 국물에 밥을 말다 말고 김꽃잎 과장이 한숨을 쉬었다.

"남편 때문에 자기 승진한 거 좋아하지 못해서 서운했어? 그러지 말고 오늘은 그냥 즐겨."

"이 판국에 즐기게 생겼어? 애들 아빠도 퇴근하면 그 화풀이 나한테 다 할 텐데? 마누라한테 얼마나 자존심 상하겠어? 시집 식구들 보기도 뭐하고 친정 식구들 보기도 애매해."

"이미 이렇게 된 거 어쩌겠어. 다음번에는 이 과장이 꼭 진급해야지. 그런데 말야, 진급이 안 되는 데는 이유가 있어. 다음을 위해 지금부터 전략을 한번 짜보는 건 어떨까? 회사가 팀장을 시킬 역량이 된다고 믿어야 다음번에 기회도 오는 거니까."

"나도 여러 가지가 마음에 걸리긴 하는데, 어디서부터 어떻게 시작해야 할까?"

회사에서 능력을 인정받아 특진을 거듭한 Y선배가 하는 말이어서 김꽃잎 과장은 아예 메모장을 펴들고 받아 적는다. 남편에게 왠지 미안한 마음을 이렇게라도 갚아야겠다. 대체 뭐가 잘못된 걸까? Y선배의 코칭은 다름 아닌 말하기였다. 이 과장이 대인관계에 있어 건강한 비즈니스 말하기 스킬이 부족하다는 것.

"일단 직원들과의 원활한 의사소통이 문제인데, 꼭 일뿐만 아니라 일상 용어 자체도 리더로 인정받기 위해서는 가려 써야 해. 이 과장은 칭찬에 인색해. 같은 팀원들, 후배들을 친하다는 이유로 비꼬거나 놀리기는 해도 칭찬하고 격려하는 말에는 인색한 거, 너도 느끼지? 그 부분을 남이 말해주기는 애매해. 배우자인 네 몫이야. 집에서 자연스럽게 사람을 칭찬하는 방법을 알려줘. 아침에 후배가 출근해서 인사해도 무뚝뚝한 얼굴로 제대로 대꾸도 안 하잖아. 그런 소소한 것들이 쌓이면서 신뢰나 우정이 형성되는 걸 막는 거야. '내 성격이 원래 무뚝뚝하다'는 건 직장에서 '나는 원래 무능해'라고 말하는 것과 같은 의미야. 돈 받고 일하는 직장에서 같은 팀 조직원들에게 긍정적인 영향을 주는 것은 선배로서 의무야."

"항상 '그 사람 성격이 원래 그래'하며 넘겼었는데 선배 말 듣고 생각해 보니 문제가 있긴 하네. 우리 남편 캐릭터라고 생각해서 별 신경 안 썼어."

"그래, 지금부터라도 인간관계를 원활하게 하는 말투나 태도에 대해서 셀프 트레이닝하면 사람들과의 관계도 달라지면서 선순환이 일어날 거야. 말도 습관이거든. 아무 의식 없이 하는 말이 습관이 되고 우리가 맺는 관계를 설정하고 미래를 좌우해. 난 항상 이 과장의 말투가 안타깝더라고.

또 하나. 지난번에 보니까 일주일 동안 프로젝트 때문에 거의 밤새운 홍 대리 있잖아. 그 친구가 아침에 좀 늦게 나왔다가 이 과장한테 걸린 거야. 대뜸 '지금 야근했다고 시위하냐?'로 시작하더라고. 홍 대리 입장에서 생각해 봐. 얼마나 서운하겠어. 상대의 마음을 헤아리고 인정해주는 말이 리더가 가져야 할 말의 기본이야. 남편뿐 아니라 너도 명심하고."

유독 말 예쁘게 하는
사람의 비결

사람의 마음에는 문이 있다. 그리고 그 문에는 빗장이 걸려 있다. 그 빗장을 단단하게 걸어 닫게 만드는 것도 말, 활짝 열게 만드는 것도 말이다. 그래서 말은 평생 상대가 아닌 나 자신을 위해서 '예쁘게' 해야 한다. 관계를 예쁘게 만드는 말의 조건에는 어떤 것이 있을까?

1. 몰랐던 걸 알려주는 칭찬

누군가를 칭찬한다는 건, 그 사람에게 선물을 주는 것과 같다. 상대와의 관계를 훈훈하게 만드는 가장 가성비 높은 일이다. 그런데 칭찬을 어떻게 해야 하는지 잘 모르겠다면 그 사람이 모르는 사실을 알려준다고 생각하자. 칭찬이 훨씬 쉬워진다.

상대도 이미 다 알고 있는 내용으로 칭찬을 하면 칭찬에 대한 감흥이 없다. 배우에게 '잘생겼다', '아름답다' 말해봐야 늘 듣던 소리다. 서울대 졸업한 직원에게 '공부 잘했겠다'라고 해봐야 '뭐 그렇죠'라고 대답한다. 상대에게 '너 이거 알고 있니?'라는 느낌으로 칭찬해보자. 회사에서 프리젠테이션을 잘한 후배에게 '수고했어' 한마디하고 어깨 두드려주는 것보다는 '목소리 톤도 안정되고 자신 있게 말하는 걸 보니 준비 많이 했네. 아주 잘 들었어'라고 자신이 생각하지 못하는 바를 구체적으로 알려주면서 칭찬하는 것이 중요하다. 칭찬을 듣는 후배는 '아, 내 목소리 톤이나 말투가 괜찮구나'라고 생각할 수 있어서 직접적인 도움이 된다.

PPT자료를 보고받는 선배도 결재 사인을 하며 오케이라고만 말할 것이 아니라 "보고서 작성 스킬이 많이 늘었네. 기승전결 방식이 예전에 비해 훨씬 더 논리적이야"라고 말해준다면 자신의 성장을 확인할 수 있는 기회를 제공하는 셈이 된다.

2. 다정한 말

상황에 맞는 날카로운 말, 논리적인 말, 다 중요하다. 그러나 그런 말은 금방 잊히는 데 반해 다정한 말은 오래 간다. 그래서 직장에서는 정확한 말과 다정한 말을 적절히 병행하면 좋다. 아침에 출근하며 인사하는 동료에게 "오늘 날씨 춥네요. 따뜻

하게 입고 다녀요" 혹은 "추워 보이는데, 따뜻한 커피 한잔 사
줄까?"라고 툭 던지는 한마디가 다정한 말이다.

팀장에게 혼나고 당장이라도 눈물을 터트릴 것처럼 앉아있
는 신입 후배에게 눈치껏 외부 업무를 시키고 카톡 메시지로
아이스 커피 한잔을 보내며 "직장생활 길다. 지치지 마라"하는
담백한 메시지를 날리는 게 바로 다정한 말이다. 다정한 말도
습관이다. 해본 사람이 점점 더 잘하게 되어있다.

3. 상대의 입장에서 하는 말

자기 입장에서만 말하는 사람은 늘 그렇게 말한다. 상대 입
장을 한 번쯤 생각하고 말하는 사람 또한 늘 그렇게 말한다. 그
래서 말이 무섭다. 습관이 되면 좀처럼 고치기도 어렵다. 의도
적인 노력이 필요한 이유다.

맞벌이 부부가 퇴근 후 늦은 저녁 집에서 만났다. 지치고 피
곤한 부부가 자기 입장에서만 말을 내뱉는 순간 거의 예외 없
이 싸움이 된다. 남편이 이렇게 시작한다.

"집 꼴이 이게 뭐야? 전쟁 났어?"

당연히 회사 일로 지칠 대로 지친 아내는 이렇게 받아친다.

"나는 뭐 집에서 놀았어?"

그런데 만약 남편이 아내의 입장에서 한 번 생각해 보고 이렇게 말을 시작하면 아내는 어떻게 받아칠까?

"당신 힘들었지? 내가 먼저 씻고 빨리 청소할게. 당신 씻고 나오면 완전히 깨끗해져 있을 거야."

"당신도 힘들었잖아. 내가 대충 정리를 하고 나갔어야 하는데, 오늘 너무 바빴어. 미안해. 대신 내가 얼른 저녁 먹을 준비할게요."

상대의 입장을 생각하며 하는 말은 힘이 세다. 평화를 지킨다.

또 하나의 예. 직장 상사와 지속적인 갈등을 겪고 있는 남편이 한숨을 쉬며 말한다.

"나 회사 이참에 그만두고 치킨집이나 해볼까."

이 말에 반응하는 아내의 말 2가지 유형.

첫 번째는 자기 입장에서만 말하는 유형이다.

"뭐래? 지금 경기가 얼마나 안 좋은데 그런 소리를 해? 그냥 가만히 회사에 있어. 당신 그만두면 가만 안 돼. 나는 뭐 힘든 일이 없어서 회사 다니는 줄 알아?"

두 번째는 상대의 입장을 생각해 보고 말하는 유형이다.

"당신이 얼마나 힘들면 그런 소리까지 하겠어. 정말 많이 힘들구나."

상황을 보면 남편은 회사를 그만두겠다는 의지를 밝힌 것이 아니라 너무 힘들다는 푸념을 했다. 그 마음을 헤아리고 상대의 입장에서 말하면 불화 없이 상황을 종료할 수 있다.

좋은 관계를 원한다면
절대 입 다물어야 하는 말

인간은 상호관계로 묶어지는 매듭이고 거미줄이며 그물이다.
이 인간관계만이 유일한 문제이다.

– 생텍쥐페리

어느 10년 차 맞벌이 부부가 오밤중에 나누는 회사 사람 뒷담화.

남 "내가 까칠하다고? 흠, 전혀 아니야. 그렇지 않은데도 좋은 척, 괜찮은 척, 허허 웃으며 살기에는 세상이 너무 피곤해. 에너지가 너무 많이 든다고. 그냥 나랑 맞는 사람한테만 '나랑 맞아줘서 감사합니다' 하는 마음으로 잘해주면 안 되는 거야?"

여 "당신은 맞는 사람이 별로 없잖아. 그게 문제의 핵심이지. 이 사람은 이래서 안 맞고 저 사람은 저래서 안 맞고. 그렇게 주변 사람들을 자꾸 밀어내면 어떤 사람이 남아나겠어. 세상은 둥글게둥글게 어울리면서 다 그렇게 사는 거야."

남 "그래서 당신은 그렇게 피곤하게 사는 거야? 집에 와서는 부장 때문에 회사 못 다니겠다고 한 시간을 속사포로 욕을 하면서?"

여 "그 사람이야 욕할만 하지. 가뜩이나 피곤한 팀원들한테 갑자기 치맥 하자면 누가 얼씨구나 하고 좋아해? 법카 쓰면서 온갖 생색은 다 내고 맥주잔 앞에 놓고 '라떼는 말이야'로 일장연설하는 게 유일한 취미인 사람인데. 자기 사는 아파트값 무섭게 치솟았단 이야기는 열 번도 넘게 들었어. 팀원 중 절반이 전세 사는데. 민망하지도 않나?

지금은 회사에서 노골적으로 밀렸으면서 왕년 타령은 또 왜 그렇게 하는지. 중국이건 일본이건 지사는 다 자기가 세운 거고, 모르는 사람이 들으면 아예 회사를 먹여 살린 줄 알겠더라고. 다른 사람이 뭐라 한마디 시작하려고 하면 말을 중간에 탁 자르고 또 자기 자랑으로 넘어가. 자기 자랑이 밑천 떨어지면 자기 이종사촌 양평에 땅 많다는 이야기까지 해야 술자리가 끝난다니까. 그러니 사람이 주변에 붙어 있겠어? 다들 고개를 절레절레 흔들면서 부장 욕하고 헤어지는 거야."

남 "내 말이 그 말이야. 그런 사람과 왜 마주 앉아 쓸데없는 시간을 낭비 하냐고. 나는 자기 자랑하는 사람도 싫지만 친하지도 않은데 들이대는 사람은 더 질색이야. 우리 회사에 경력으로 들어온 김 과장 말이야. 환영한다고 저녁을 샀더니 대뜸 형님이래. 그러더니 원래

이 회사도 들어올 계획이 있었던 건 아닌데 주식을 해서 크게 돈을 날렸다나? 아니, 내가 물어봤냐고? 게다가 와이프랑 사이가 안 좋아 이혼을 하네 마네 나중에는 눈물까지 보이더라니까. 사람 당황스럽게 말이지. 아, 이 친구랑은 안 되겠구나 하고 택시를 태워 보내려는데 하는 말이 친해지고 싶어서 다 털어놨더니 속이 시원하대. 나 참, 뭐 하자는 건지.”

여 “자기 속내를 그렇게 스스럼없이 말하는 사람이 오히려 주변에 사람이 더 없더라고. 그런 사람이 꼭 선을 넘어. 당황스러운 질문을 하고 말이야. 우리 회사에도 비슷한 사람 있어. 지점에서 발령받아 우리 부서로 온 김 대리라고 있는데, 이 사람이 호기심이 많은 건지, 사교적인 건지 오자마자 직원들에게 결혼은 했냐, 안 했다는 직원에게는 왜 안 했냐, 성격도 좋아 보이고 예쁜데 이상하다는 둥 그것뿐이 아니야, 학교 어디 나왔냐, 고향은 어디냐, 아주 호구조사를 하더라니까. 자기 딴에는 친해져 보겠다고 그러는 건데, 그러면 역효과만 나지. 직원들이 점심시간에도 슬금슬금 피하는 거 있지.”

남 “그렇다니까. 과하면 안 돼. 특히 세상이 너무 달라지고 있어. 정서적으로 피곤한 걸 싫어한단 말이야. 인간관계에도 트렌드가 있는데 그걸 모르면 계속 헤매는 거지. 그러면서 난 왜 주변에 사람이 없을까, 외롭다, 이렇게 청승을 떠는 거야.”

여 “암튼 됐고. 당신은 사람 너무 예민하게 가리지 마. 그러는 당신도 잘하는 거 없더라. 동생한테 잔소리 좀 그만해. 학비 좀 형이 대줄 수도 있지. 뭘 또 그걸 대주면서 일장 연설을 해요. 나 같으면 더러워서 안 받겠다. 도와준다고 해서 잔소리해도 되는 권리가 생기는 건 아니야. 돈 몇 푼 준다고 이래라저래라 내 맘에 들게 통제하길 바라면 결국 형제 사이도 깨지게 돼. 돈 잃고 우애도 잃고 싶지 않다면, 도와는 주되 참견하지는 마. 잔소리 금지. 다 너 잘되라고 하는 소리라는 핑계처럼 꼰대 멘트가 없으니까."

좋은 관계를 위해
입 다물어야 할 3가지

1. 노 땡큐 3종 세트 '참견 · 조언 · 잔소리'

어느 회사에나 오지랖 부리는 이들이 있게 마련이다. 이들의 공통점은 잘해주고 욕먹는다는 것. 다른 사람들에 비해 소위 촉이 예민하게 발달해서 먼 거리의 소리를 듣는가 하면 뒤통수에도 눈이 달려 서라운드로 남의 말을 듣고 행동을 관찰한다. 그렇게 나오는 말이 바로 참견, 조언, 잔소리 3종 세트이다.

모든 인간관계는 이 3종 세트에서부터 꼬인다. 관심 없는 사람에게 참견하는 사람은 드물다. 주로 친하거나 좋아하는 사람에게 깜빡이도 없이 치고 들어가는 경우가 많다. 친한 직장 동료가 있다. 그의 아이가 병원에 입원해 며칠 휴가를 내고 간병하는 동안, 그 동료의 업무를 야근까지 하며 대신 처리해준 오지랖쟁이는 이 동료에게 어떻게 말해야 할까?

"네 남편은 뭐 하는 사람이니? 남편하고 반반씩 휴가 내서 애를 보자고 해야지. 왜 그렇게 남편에게 아무 말도 못 하고 살아, 바보같이. 그래서 여자들이 회사에서 인정받지 못하는 거야."

기껏 동료 대신 야근해주고 조언이랍시고 이렇게 잔소리를 하면 동료와의 사이에 금이 가게 마련이다.

남에게 조언을 하고 싶다면 허락을 먼저 구하라. 그리고 무언가 물심양면으로 도와줬다고 해서 당당하게 참견할 권리가 생겼다고 착각하지 말자. 돈과 에너지를 쏟고 사이만 나빠지는 경우가 부지기수다.

2. 자기 자랑

'내가 예전에는⋯⋯'을 입에 달고 사는 사람처럼 비호감은 없다. 당신의 과거는 아무도 궁금해하지 않는다. 당신의 화려한 옛날이야기나 자녀 자랑은 밥 사면서 하는 것이 무난하다. 그마저도 모임에 자녀 문제로 마음고생하는 사람이 있다면 이 조차도 하지 않는 것이 맞다. 돈 자랑 역시 한 턱 내면서 하는 게 아니라면 하지 말자. 사람들은 남의 자랑을 듣기 싫어하고 자기 자랑만 하는 사람은 다시 만나고 싶어 하지 않는다.

몇 살이에요? 몇 학번이에요? 남자친구 있어요? 결혼했어요? 결혼은 왜 안 했어요? 아이는요? 군대는 왜 안 갔어요? 학교는 왜 중간에 그만뒀어요? 이런 거 물어봐도 되나?(이미 물어보고 있으면서)

모두 다 묻지 말자. 남의 사생활이다.

우리는 쇼윈도 부부예요, 이혼했어요, 전 회사에서 팀장이 하도 괴롭혀서 몇 대 갈겨주고 해고당했어요, 주식으로 빚더미에 앉았지 뭐예요.

이런 말 역시 하지 말자. 타인은 당신의 이야기가 하나도 궁금하지 않다.

도를 넘는 자신의 프라이버시 공개는 자칫 상대를 당황해하고 부담스럽게 만들 수 있다. 가까워지는 거리만큼 딱 그만큼만 자신에 대해 공개하는 센스가 관계에 도움이 된다.

내 인생 잘되게 하는
배려의 말투

"팀장님 모시고 정말 잘해보고 싶었는데 이렇게 갑자기 그만두게 되어 면목이 없습니다."

'보아하니 면목 없는 얼굴이 아닌데? 뒤통수 맞으니 맛이 어떠냐, 의기양양해하는 얼굴이고만.' 최 팀장은 마음속에 있는 말을 해봐야 무슨 소용인가 싶다. 기껏 가르쳐놓으면 연봉 좀 높여서 경쟁사로 튄다는 것이 정설이 된 업계 분위기지만 이번에는 좀 너무했다. 이제 일 좀 하겠다고 생각한 직원이 이 회사에 미련 없다는 듯 빠져나갈 때마다 몸에 힘이 쭉 빠진다.

"박 과장이 신중하게 결정했으리라 믿어. 서운하기는 하지만 본인을 위한 최선의 선택이었길 바라. 옮기려고 마음먹게 된 이유를 물어봐도 될까?"

"집에서도 가깝고 조건도 훨씬 좋아서 결정했습니다."

박 과장은 조건도 훨씬 좋다는 대목을 유난히 강조한다. 말투에 은근한 자부심까지 배어있다. '내가 이렇게 인정받는 사람이야'라고 외치고 싶어 안달이 난 사람 같다.

"조건이 훨씬 좋다는 건 굿 뉴스네. 박 과장한테 잘된 일이야. 축하해. 내가 뭐 도와줄 일 있으면 얘기하고. 아, 그리고 박 과장이 잘 알아서 하겠지만 연봉 협상이나 계약서 쓸 때는……."

최 팀장은 이직하며 체크해야 하는 사항에 대해 꼼꼼히 알려줬다. 누가 보면 헤드헌팅 회사 직원인 줄 알 정도로. 왜냐하면 최 팀장 자신이 예전에 스카웃 제의가 왔을 때 제대로 알아보지 않고 이직을 서둘렀다가 낭패를 본 경험이 있기 때문이었다.

아니나 다를까 박 과장은 다시 계약서를 살피고는 인사 담당 임원과 면담을 신청해 정확한 상황을 알게 되었다. 상대 업체에서는 현 회사의 1.5배 수준의 연봉을 제시하고는 계약서에 깨알 같은 조건을 달아놓았는데 박 과장은 들떠서 이 부분을 간과했다. 박 과장이 간과한 조건은 이직 후 자체적으로 올리는 성과가 전제된다는 것인데, 이 성과라는 것이 매출액이나 이익 개선율 등이 복잡하게 얽혀있었다. 한마디로 이직 후에 목숨 바쳐 일해도 몇 년 안에 도달하기 요원한 조건이었다.

이 사실을 알게 된 박 과장은 연봉 협상을 막판에 거부했다. 계약서에 사인을 했다면 돌이킬 수 없는 후회를 하게 됐을 상황이었다. 그러나 이미 지금 회사에도 퇴사를 통보해 놓아서 이러지도 저러지도 못하고 속앓이만 하게 되었다.

박 과장의 이런 상황을 고소해 죽겠다는 듯 최 팀장에게 알려준 천 대리는 사직서까지 제출한 마당에 다시 받아달라고 하면 받아줄 건지 최 팀장을 떠보느라 정신이 없다. 자기가 팀장이었으면 은혜를 원수로 갚은 박 과장을 절대 안 받아줄 거라는 둥, 머리털 검은 짐승은 거두는 게 아니라는 둥 하고 떠들더니 최 팀장이 아무 반응을 보이지 않자 제풀에 지쳐 돌아갔다.

퇴근 시간 무렵 최 팀장은 담당 이사의 호출을 받았다. 연구원으로 다시 그만한 직원을 키우려면 시간과 비용이 많이 드니 박 과장을 그냥 주저앉히라는 지시 사항. 안 그래도 그 부분을 생각하던 최 팀장은 알겠다고 대답하고 나오던 도중 박 과장의 연락을 받았다.

"제가 너무 경솔했습니다. 많이 후회하고 있습니다. 팀장님의 세밀한 조언이 없었다면 속아서 계약서에 사인하고는 두고두고 후회할 뻔했습니다. 감사하다는 말씀드리려고 연락드렸습니다."

능력을 인정받아 두둑한 연봉으로 스카웃 제의를 받은 사람의 자랑스러움은 이제 눈 씻고 찾아보려 해도 찾아볼 수 없었다. 그렇게 말하는 박 과장을 최 팀장은 그저 바라보고만 있었다. 다음과 같이 생각하면서. '감사하다는 말을 하려고 찾아온 게 아니라 사표는 없던 일로 하자는 말이 듣고 싶어 왔겠지.'

"이직하지 못하게 된 건 안 됐지만, 그래도 속아서 불리한 계약을 안 했으니 불행 중 다행이라 생각하자고. 사표는 아직 수리 전이니까 지금까지 하던 대로 열심히 해. 회사도 다 인연이라는 게 있더라고. 아직 우리 회사와 인연이 끝나지 않은 모양이야."

박 과장은 눈가가 약간 붉어지며 고개만 끄덕인다. 죽을 고비에서 간신히 살아난 표정으로 열심히 하겠다는 말만 되풀이하는 후배를 보며 최 팀장은 역시 '서운한 마음은 밖으로 표현하지 않아야 나중에 후회하지 않는다'는 원칙을 다시 한번 떠올렸다. 상대의 마음을 이해하고 상대의 입장에서 생각하고 말하는 것. 말의 내용보다는 그 말의 속에 담긴 의미를 헤아려주는 것. 어렵지만 결국 인생의 무기가 되는 소통의 습관이다.

박 과장은 아무 일도 없었다는 듯 근무하고 있다. 그에게 이제 최 팀장은 믿을만한 상사다. 그만둔다고 기고만장했던 박 과장을 단 한마디도 나무라지 않았다. 싫은 소리도 하지 않았다. 그러니 상처도 서운함도 없다. 그리고 아무 생색 없이 다시 받아줬다. 박 과장이 최 팀장을 믿지 않을 이유가 없다.

인생을 꽃피우는 건
말투에서 시작한다

성공의 요인이 배경이나 학력이던 시절은 이미 지났다. 이제는 다른 사람과 어떻게 좋은 관계를 맺는지가 중요하다. 이를 위해서는 의사소통이 핵심이다. 타인과 소통을 잘하는 능력을 발휘해야 내가 원하는 성공을 거머쥐게 된다는 뜻이다. 무슨 일이든 잘 풀리게 하는 언어의 비법은 무엇일까?

1. 상대가 주인공이 되는 대화

머릿속으로는 상대를 존중해야 한다는 걸 알면서도 실제 대화에서는 내가 중심이 되는 경우가 대부분이다. 의식하지 않으면 본능적으로 나를 대화의 주인공으로 세우게 마련이다. 그래서 남과 대화를 할 때 처음부터 의식적으로 '상대를 주인공으로 만든다'는 원칙을 세워야 한다.

상대를 중심에 두는 대화의 핵심은 뭘까? 상대에게 관심을 가지고 상대의 생각을 알려는 마음이다. 친한 동료와 퇴근 후 맥주를 마시는데 동료가 "회사를 때려치워야지 더 이상 못해 먹겠다"라고 말한다고 치자. 여기에 대고 "회사가 애들 장난이냐? 어디로 옮기려고?"라고 대꾸하는 사람이 있는 한편 "많이 힘들구나"라고 말해주는 사람이 있다.

사람들은 함께 대화를 나눌 때 상대가 내 마음을 알아주기를 원한다. "많이 힘들구나"라며 안타까워하는 사람은 이미 내 마음을 이해하려 한다는 것을 알기에 마음을 열고 사정을 말하기가 편하다. '많이 힘들구나'라고 상대를 공감해 준 후에도 회사를 왜 때려치우고 싶은 건지, 회사에서 누가 못살게 구는지 질문하고 들어줌으로써 상대를 주인공으로 만드는 대화를 이어 나간다면, 상대와 자연스럽게 좋은 관계를 맺으며 그 흐름을 내가 리드하는 셈이다.

2. 숨은 뜻을 이해하는 대화

단어나 문장의 표면적인 의미보다 숨겨져 있는 의미를 알아채는 것이 대화의 센스다. 다음 예는 사무실에서 흔히 볼 수 있는 장면 중 하나이다. 김 과장이 팀장에게 무자비하게 질책을 당했다. 그것도 공개적으로. 얼굴이 시뻘게져서 버벅거리며 변명을 하다가 오히려 더 일을 크게 만들었다. 그날 저녁 평소 친한 동료 박 과장이 김 과장을 위로할 겸 함께 저녁을 먹는 자리에서 김 과장은 울 것 같은 목소리로 푸념을 했다.

"나 팀장에게 완전히 찍혔나 봐. 이제 나에 대한 신뢰도 없고 아주 끝난 거 같아."

이 말을 들은 박 과장의 대답을 살펴보자.

"네가 찍힐 짓을 했겠지? 대체 뭘 어떻게 해서 그 난리가 나게 만들어?"

박 과장이 이렇게 대답한다면 그건 불난 집에 부채질하듯 김 과장이 하는 말의 속 의미를 전혀 모르는 센스 없는 대답이다. 김 과장 말의 속 의미는 무엇이었을까? '팀장에게 완전히 찍혀서 눈 밖에 날까 봐 너무 불안해'라는 의미이다. 이 행간의 의미를 읽어야 비로소 온전한 대화가 이루어진다. 박 과장이 김 과장 말의 속 의미를 알아챘다면 다음과 같이 말할 것이다.

"찍히긴 뭘 찍혀? 그만큼 욕 안 먹고 직장생활 하는 사람이 어디 있어? 잘못한 건 이번에 고치면 되지. 직장생활 하루 이틀 해? 괜찮아. 팀장도 그렇게 나쁜 뜻으로 이야기한 거 아니야."

이것이 바로 행간을 읽고 상대의 마음을 알아주는 대화법이다. 말 속의 진짜 의미를 알아차리는 센스를 발휘해야 우정도 신뢰도 꽃을 피운다.

3. 부드러운 말투의 대화

강아지도 사람 말을 알아듣는다. 간식이나 산책 같은 단어를 알아듣는 강아지도 물론 있지만, 이 같은 단어를 몰라도 주인이 이야기하는 말투로 주인의 기분이 좋은지 나쁜지, 눈치를 봐야 하는 상황인지 느긋하게 간식을 기다려도 좋은 상황인지 파악한다. 강아지도 이런데 하물며 사람은 오죽할까? 단어가 문제가 아니라 말투에 담긴 뉘앙스가 훨씬 예민하게 의미를 전하는 도구가 된다.

회사에서 후배에게 함부로 말하는 것을 마치 카리스마 있다고 착각하는 사람들이 있다. 말투는 어디에서건 그 사람의 수준을 나타낸다. 프로들이 모여 일하는 곳에서 '야', '너', '이거

해', '저거 갖고 와', '내일까지 제출해' 등등 명령형의 언어는 상대의 마음을 철저히 닫아걸게 만드는 빗장이 된다는 걸 모르는 리더들이 있다. 그러면서 '요즘 것들은'이라며 혀를 차봐야 자기가 못났다는 걸 자인하는 꼴이다.

특히 일터에서 함께 일할 때의 말투는 청유형이 좋다.

"김 과장, A분석 자료 다 됐으면 함께 볼까요? 매출 자료는 내일까지 보고해 주세요. 김 대리는 M매장 현황 체크해서 오늘 퇴근 시간 전까지 알려주면 좋겠어요."

강아지도 사람 말투를 알아듣는다는 것을 잊지 말자. 한 번 더 생각하고 부드럽게 말하자. 상대의 마음도 보들보들해질 수 있도록.

STEP 4

직장생활 스텝 업

호감 가는 사람 되기

사회에서는
공짜가 쥐뿔도 없다

✦

"입사했다고 이젠 꽃길만 걸을 줄 안 거야? 입사하고 얼마
만에 실망한 거야? 이게 아니다 싶은 날이 언제였어? 한 3개월
걸렸으면 선방했는데. 그래, 뭐가 제일 고민이니?"

힘들다는 후배의 고백에 아주 신이 났다. 퇴사하면 시청 앞
광장에 'A물산 ○○○, 축 퇴사'라고 현수막이라도 거는 거 아
냐? 그래도 내 사정 털어놓을 수 있는 유일한 선배인데, 내 이
야기 좀 들어줘요.

재수하고 대학 4년, 군대에 휴학에 인턴 과정까지 도합
10년을 야무지게 채우고 들어간 A물산. 이제는 어엿한 이 사

회의 한 구성원으로 인정받고 살게 되나 싶었다. 그런데 이게 무슨 일인가? 거래처의 시대착오적인 갑질에 어이가 없어 벌어진 입을 다물기도 전에 몇 안 되는 선배란 사람들은 가르쳐주지도 않은 일을 제대로 못 한다고 공개적으로 개망신을 주지 않나, 별명이 김기복인 김 부장은 시도 때도 없이 못마땅한 눈초리로 잔소리하다 지치면 온갖 트집을 잡아 패악을 떤다.

퇴근 시간은 엿가락 늘이듯 제대로 끝나는 법이 없으면서 어쩌다 10분 늦으면 사람을 아예 구제 불능 인간 보듯이 했다. 그때마다 항의했다. '날마다 퇴근 시간 이후에 적어도 30분은 무료 봉사하고 있습니다!' 물론 입 밖으로 소리 내어 이야기해 본 적은 없다.

"선배 어떡하죠? 지금이라도 옮겨야 할까요? 이 회사랑 이렇게 안 맞을 줄 몰랐어요."

울상이 되어 회사에 대한 불만을 쏟아내는 후배를 빙글빙글 웃는 얼굴로 쳐다보던 선배가 입을 열었다.

"사회에는 공짜가 없다는 거 아니? 거기에서부터 직장생활은 출발하는 거야. 신입 때부터 그거 모르면 과장 되고 부장 달아도 아무것도 모르는 진상 될 수밖에. "오늘 내가 쏜다. 마음껏 먹어"라고 생색내는 부장에게 '법인카드 쓰면서 생색은'이라고 생각하는 순간 감사의 태도가 사라지는 거야. 그걸 부장은 또 귀신같이 안단 말이지. 직급이 한참 높은 선배가 밥 사면 그가 돈을 내는 게 당연하다고 생각하지? 거기서부터 감정이 꼬이는 거야. 두세 번 얻어먹었으면 한번은 자장면이라도 사거나 책상 위에 커피라도 올려놔. 세상에 공짜는 없어.

왜 직장 상사가 너를 못마땅한 얼굴로 쏘아보겠어? 너만 못마땅해하는 데는 이유가 있지 않겠어? 왜 나만 미워하냐고 투덜댈 일이 아니라 무슨 문제가 있는지 냉정하게 생각해봐. 30분 늦게 퇴근한다고 출근시간 5분 늦는 걸 아무렇지도 않게 생각하면 당연히 문제가 커지지. 근태, 인사, 예의범절. 이런 기본적인 데서 문제가 생기면 그 직장생활은 내내 험난하다고 봐도 무방하지.

직장 상사한테 찍힌 거 같아 괴롭거나, 그 직장 상사가 배울 게 하나 없는 형편없는 사람이라 불안하다면 정답을 줄게. 그 형편없는 상사와 잘 지내야 네가 프로가 되는 거야.

직장은 내가 선택하지만, 거기에서 만나는 사람들은 내가 선택할 수 없어. 그리고 그 사람들과 지내는 시간에는 유효기간이 있어. 언젠가는 헤어지게 되어있어. 각자의 이익을 위해 모인 집단에서 형편없는 사람과 매일 마주해야 하는 상황이라면 다음 두 가지를 생각해.

첫째, 상사가 나를 싫어하는 이유를 찾아서 그 부분을 바꾸거나 둘째, 내가 별 잘못한 일이 없다고 판단되면 어차피 임시로 함께 일하는 동료일 뿐이니 그냥 마음의 스위치를 내려버리는 거야. 일만 같이하고 부정적인 영향은 받지 말자. 그냥 신경 끄고 지내자고 생각해. 그렇게 조금씩 성장해나가는 거야. 마라톤 같은 직장생활, 기본만 지키자고 마음먹어도 지금보다 훨씬 재미있게 일할 수 있을 거야, 파이팅!"

잘나가는 일잘러의
직장생활 리얼 꿀팁

1. 사회에 공짜는 없다

신입이나 경력으로 새로운 회사에 입사했을 때, 누군가의 도움이 필요하다. 회사의 기본 규정, 매뉴얼, 업무 현황 등등 A 부터 Z까지 적응하는 데는 동료의 크고 작은 배려가 필요하다. 그런데 이 점을 당연하다고 생각하는 순간 많은 기회를 놓치게 된다.

'당연한 거 아냐? 알려줘야 일을 하지. 이 회사 일을 어떻게 처음부터 알고 시작하겠냐고?'라고 생각하지 말자. 내게 시간을 30분이라도 써서 뭔가를 알려준 선배에게는 그 고마움을 언젠가 반드시 갚아야 한다. 이런 태도를 직장생활에서의 나의 원칙으로 삼는다면 순탄하게 직장생활을 해나갈 확률이 매우 높다.

도움을 준 선배에게 가서 "선배님, 오늘 저 때문에 시간 많이 뺏기셨는데 제가 뭔가 도울 일 없을까요? 복사라도 하겠습니다. 하하하"라고 말해보자. 복사를 시키지 않더라도 '이 친구 뭘 좀 아는군'이라고 생각하며 당신에게 호감을 보일 것이다.

팀장이 법인카드로 밥 사고 술 살 때 진심으로 고맙다고 인사하는 걸 잊지 마라. 팀장만 법인카드 쓰고 왜 우리는 못 쓰는 거냐? 부당하지 않냐? 이렇게 주장하는 사람치고 일 제대로 하는 사람 없다. 법인카드가 공짜로 밥 먹어도 되는 카드라고 생각한다면, 당신은 아직 아마추어를 벗어나지 못한 것이다. 사회에서 공짜는 없다. 법인카드를 손에 넣을만한 나의 가치를 증명할 때까지 회사 카드로 밥 사주는 선배에게 고마움을 표현해야 하는 이유다.

2. 공사 구분

"학교 동문 선배라는 사람이 이것도 못 도와줘? 완전 인성 쓰레기구만!"

김 대리는 준비하던 경쟁PT를 회사 내에 몇 안 되는 믿을만한 선배 이 차장에게 은밀히 검토를 부탁하고 대차게 거절당했다. '공정하게 경쟁해야 한다'는 이유였다. 과연 이 차장이 의리가 없는 걸까, 믿을만한 선배라고 생각한 김 대리의 착각일까?

친한 선배의 업무상 배려나 특혜를 당연시하는 것은 최악의 태도이다. 친한 건 친한 거고 업무는 업무일 뿐이다. 특히 뭔가 잘못된 일에 '나랑 친한데 알아서 봐주겠지'하는 말도 안 되는 생각을 하면서 애교나 웃음으로 대충 때우려 들면 구제할 방법이 없다.

3. 횡령

"혼자 살다 보니 뭘 사도 너무 용량이 커요. 왜 이렇게 일인용은 없는 걸까요. 그래서 저는 회사에 있는 것들 대충 갖다 써요. 어차피 얼마 안 돼요. 주방용 세제도 조금 덜어다 쓰니 편하더라구요. 아 참, 커피도 몇 개씩 그냥 탕비실 거 갖다 놓고 휴일에 마셔요. 혼자 얼마나 먹는다고 한 박스씩 사겠어요? 안 그래요?"

큰 금액의 회삿돈을 빼돌리는 것만이 횡령은 아니다. 횡령과 관련된 경우의 수는 매우 많다. 자잘한 비품, A4용지, 볼펜, 커피믹스, 물티슈, 탕비실 간식 등등. 이 모든 것이 평소 공과 사를 구분하는 사람인지를 알아볼 좋은 도구들이다.

왜냐하면 커피믹스 몇 개처럼 작은 것으로도 공과 사를 칼같이 구분하지 않으면 시간이 갈수록 점점 큰 것에도 공과 사의 경계가 불분명해진다. 그리고 결국 습관이 되어 나도 모르게 큰 실수를 저지를 확률이 높아진다. 처음부터 누구나 작정하고 나쁜 마음을 먹지 않는다. 공과 사의 개념이 희미해지고 이 정도는 괜찮다는 생각이 마음에 스며들면 언제고 문제가 되도 될 일이다.

그중 제일 큰 것은 시간. 시간에 대한 횡령을 가장 경계하라. 근무 시간 중 온라인 쇼핑, 끝없는 수다 타임, 개인적인 일로 병원이나 은행을 아무렇지도 않게 드나드는 것. '잠깐인데 뭘' 이런 안일한 생각으로 근무 중 시간을 횡령한다면, 그 직장생활은 실패작이다.

4. 나는 프로다

돈을 받고 일하는 사람은 모두 프로여야 한다. 자기 일에 대한 목표치가 바로 자신의 자존심이다. 그 목표를 내가 스스로 세우고 데드라인을 정하고 최선을 다하는 것. 때에 따라서는 도움을 청해 완성도를 최상으로 높이는 것이 바로 프로정신이다. 모르면 물어봐라. 귀찮아서 혹은 자존심이 상해서 모르는 채로 대충하다 일을 망치는 사람을 돈 받는 아마추어라고 부른다.

고수들은 어떻게
젊은 세대 마음도 얻는가

✦

음……, 아무에게도 말하지 못했지만 김 부장의 소원은 핵
인싸이다. 그는 꽤 이름 있는 유통업체의 부장이며 싱글이다.
부양가족이 없으니 또래 동료들처럼 자녀 사교육에 허덕일 일
도 없어 명품족 대열에 너끈히 합류했다. 고급 외제 차를 타고
출근할 때마다 은근히 후배들이 나 좀 봐줬으면 하는 마음에
괜히 주차장에서 미적거리기도 한다. 직원들에게 호기롭게 한
턱내는 일도 잦다. 뭐, 어디 돈 쓸 데가 있어야지. 점심식사 후
에는 개인 카드도 쓴다. 그냥 아메리카노가 아닌 그 뭐냐, 김
부장 자신은 이름도 외우기 어려운 둘둘 말아 올린 생크림에
초코칩을 왕창 올린 음료를 주로 권한다.

문제는 그렇게 근사하게 하고 다니고(그렇게 보일 거라고 철석같이 믿고 있다) 지갑을 잘 여는데도 후배들에게 별반 인기가 없다는 거다. 오히려 같은 부장이라고 하기에도 부끄러운 동기 최 부장은 팀을 가리지 않고 회사 내에서 전방위로 인기가 있다. 대체 왜일까? 솔직히 질투라 하기에도 최 부장과 비교하는 것 자체가 자존심이 상한다. 아무튼 최 부장에게 몰리는 후배들의 심리를 알고는 싶다.

김 부장과 최 부장은 무엇이 다른가? 김 부장이 초고속 승진한 케이스라면 최 부장은 만년 부장이다. 김 부장은 젊은 세대가 쓰는 신조어를 공부해가며 후배들에게 한 번씩 투척하는 것을 즐긴다. 반면 최 부장은 아재 개그로 승부한다. 지난번에는 본부 인원 전체가 모여 브레인스토밍하는 시간이 있었는데 여기서 최 부장이 퀴즈를 냈다. "햄버거의 색깔은?" 모두 무슨 소리야라는 표정으로 있을 때 최 부장은 "버건디!"라 외치며 혼자 자지러진다. 뒤늦게 알아차리고 피식피식 어이없는 웃음을 흘리는 후배들을 보며 김 부장은 '말은 최 부장이 했는데 왜 부끄러움은 나의 몫인가'라고 생각하며 고개를 숙였다.

그런데 회의가 끝나고 몇몇 후배가 최 부장을 졸졸 따라간다. 의논할 일이 있다나. 그런 건 이 회사에서 만년 부장이 아니라 초고속 승진 케이스인 나에게 해야 하는 거 아닌가? 고민

끝에 가장 신뢰하는 김 과장에게 대놓고 물어봤다. 왜 내가 아니고 최 부장을 따르는가? 하고.

"최 부장님은 젊은 직원들을 부하 직원이라기보다 그냥 동료로 대하시는듯해요. 의견을 물어보고 잘하는 부분에 감탄하고 도움을 청하기도 하죠. 최 부장님이 컴퓨터 조작이나 정보 서치에 약하시잖아요. 그걸 직원들에게 일일이 물어보고 배우시더라고요. 요즘 그 재미에 푹 빠지신 것 같아요."

아니, 가르치는 게 아니라 최 부장이 배운다고? 신입들한테? 그게 이유야?

"꼭 그게 전부는 아닌데 젊은 직원들과 빨리 친해진 이유가 되기는 했어요. 그러다 보니 고맙다며 밥도 자주 사고, 그러면서 어려운 일 있으면 얘기하라고 하니 직원들도 편한가 봐요.
참 그리고 제가 보기에는 정보 공유도 한몫하는 게 아닌가 싶어요. 최 부장님 부서원들이 그분을 잘 따르는 건 일이 합리적으로 돌아간다고 느껴서예요. 일단 일을 시킬 때 왜 이 일을 해야 하고 어느 수준으로 해야 하는지, 발생할 가능성이 있는 문제는 무엇인지를 자세히 알려주거든요. 젊은 직원들 입장에서는 내용을 정확히 이해하니 일하기도 쉽고 물어보기도 어렵지 않으니 일이 투명하게 돌아간다고 생각되니 안심하죠.

인사고과도 마찬가지예요. 원칙을 정확히 몇 번씩이나 말해서 직원들이 다 알고 있더라고요. 지난번 인사고과 때도 그 팀은 별 문제가 없었잖아요? 동일한 실적을 냈을 때는 진급 대상자 우선으로 고과점수를 반영한다는 걸 팀원들이 이미 알고 있어서일 거예요."

얘기를 듣다 보니 김 부장은 마음속이 복잡해졌다. 자신이 생각한 젊은 세대에게 어필하는 방식이 전혀 아니지 않은가. 그는 직원들에게 비싼 저녁을 사주면서 어떻게 해야 회사에서 자신처럼 빨리 진급하고 성공할 수 있는지를 열강했다. 그리고 지금 그들이 보완해야 하는 점이 무엇인지 개인별 코칭처럼 하나씩 지적하며 조언을 아끼지 않았다. 그러면서 속으로 너희가 어디 가서 이런 강의를 듣겠어. 게다가 공짜로! 나는 정말 대단한 선배라는 자부심으로 뿌듯했다. 그런데 김 과장의 이야기를 듣고 보니 후배들을 향한 자신의 지적과 조언이 다 헛된 일이었단 말 아닌가.

일하는 방식도 마찬가지다. 김 부장은 자신의 방법이 가장 옳다고 지금도 생각한다. 아직 일을 모르는 직원들은 시키면 시키는 대로 묵묵하게 따라오는 것이 최선이라고 믿는다. 그래서 김 부장은 업무를 지시하면서도 별다른 설명을 붙이지 않았다. 그냥 정확하게 어떤 업무를 언제까지 완료해야 하는지

엄격하게 지시했을 뿐이다. 어떻게 처음인 그들에게 일일이 설명을 하나. 그래서 과연 스피드가 나나, 생각만 해도 머리가 아프다.

인사고과? 그것도 부장의 고유 권한 아닌가. 원칙? 내가 지금까지 이뤄온 경험과 실적이 원칙 아닌가? 그걸 일일이 설명해야 하나? 일 잘하도록 정확하게 업무 지시하고, 밥 자주 사주고, 피가 되고 살이 되는 조언을 많이 해주면 그게 좋은 선배라고 생각했다. 그러나 김 과장의 말대로라면 전부 다 헛물켠 셈이다. 반박을 하려해도 김 부장 주변에 후배들이 가까이 오지 않는 것을 보면 반박할 자신이 없다. 다시 처음부터 저 어린 직원들의 마음을 공부해야 한단 말인가. 최 부장이 후배들에 둘러싸여 하하호호하는 모습을 흘끗 바라보는 김 부장의 마음이 왠지 씁쓸했다.

90년대생에게
인기 많은 선배들의 비결

1. 90년대생 키워드를 찾아라

주변에 신입사원이 있다면 물어보자. "그렇게 어렵게 들어간 회사를 왜 그만뒀니?" 일이 많고 어려워서 회사를 그만둔 경우는 거의 없다. 회사가 시스템이 없고, 너무 비합리적으로 일을 해서 배울 게 없다거나 사람을 무시하는 걸 참을 수 없었다고 이야기할 가능성이 아주 크다. 90년대생들의 가치관은 기성세대들과 비슷하면서도 전혀 다르다. 무조건 복종하라거나, 원래 그렇게 하는 거라는 윽박지름은 통하지 않는다. #공정하고 #합리적이지 않으면 바로 거부한다. #존중받지 못한다는 느낌도 견딜 수 없어 한다. 이해할 수 없다면 그것이 90년대생들의 DNA라 여기고 그냥 받아들이면 된다.

혼밥, 혼술이 90년대생의 취향일 수 있다. 그런데 그게 전부는 아니다. 경제불황이 장기화되는 대한민국에서 젊은 세대는 특히 경제적으로 팍팍하다. 돈이 없어서 혼자 편의점 밥을 먹고 도시락을 싼다. 저녁에는 유튜브를 보며 4캔에 만 원 하는 맥주를 혼자 마시는 것이 혼자 즐길 수 있는 유일한 삶의 낙이 된 경우도 많다. 그런 상황에서 필연적으로 관계에 대한 결핍이 생길 수밖에 없다. 돈이 없어서 벌어진 결핍은 외로움, 우울감이라는 부작용을 낳는다.

90년대생들에게도 결핍을 치료할 관계가 절실하다. 그러나 좋은 관계를 맺고 싶다는 과도한 의욕 때문에 상대가 청하지도 않은 조언이나 참견, 지적, 평가 같은 불편한 발언을 '라떼는 말이야'와 세트를 이뤄 시도 때도 없이 하는 선배라면 차라리 관계의 결핍을 택할 후배가 많을 것이다.

일단 지갑을 열어라. 굳이 비싼 거 살 필요 없다. 커피 한잔이라도 사주면서 잘 지내는지, 혹시 도움이 필요하거나 의논할 상대가 필요하면 언제라도 문이 열려있다는 사실을 친절하게 알려주기만 하면 된다. 밀당은 연인 사이에만 필요한 것이 아니다. 직장생활 인간관계에서도 가끔 밀당이 쓸모있다.

3. 역멘토링을 제안하라

역멘토링은 선배로서 겸손의 최고봉이다. 예전에는 선배가 후배 앞에서 뭘 모른다는 건 부끄러운 일이었다. 그러나 요즘처럼 정보가 홍수같이 넘쳐나고 자고 일어나면 다른 세상으로 줄달음치는 시대에 새로운 무엇인가를 모른다는 건 창피한 일이 아니다. 오히려 모르는 걸 아는 척하는 것이 부끄러운 일이다.

그래서 역멘토링이 중요하다. SNS를 통한 정보수집이나 온라인 마케팅 등 젊은 세대가 감각적으로 더 잘 아는 부분은 거침없이 물어보고 가르쳐 달라고 요청하자. 그들도 기꺼운 마음으로 도와줄 것이다. 도움에 대한 고마운 마음을 전하면 젊은 사람들과 친해질 기회가 넘쳐난다. 고마우니 밥을 사고, 고마우니 나도 도와줄 건 없냐고 물어보자. 젊은 세대의 도움을 받아 나도 성장하고 그들과 친해지면서 시너지를 낼 수 있는 역멘토링은 여러 세대에게 도움이 되는 긍정적인 아이템이다.

당신,
매력 있어요

✦

'일을 똑부러지게 잘하기를 하나, 그렇다고 잘 차려입기를
하나. 직급이 부장이면 회사 체면을 생각해서라도 좀 차려입고
다녀야 하는 거 아닌가? 뭘 믿고 저렇게 촌스럽게 하고 다니지?'

G화학 김 이사는 괜히 김별 부장만 보면 부아가 치민다. 마
음에 드는 구석이 하나도 없다. 거슬린다. 제일 거슬리는 점은
자기 눈에는 눈 씻고 찾아봐도 괜찮은 점이 없는데 직원들한
테 인기가 많다는 것. 밥 사고 술 사고 지갑을 통째로 내주면서
MZ세대에게 소통왕이 되고자 노력하는 자신보다 촌스럽기 그
지없는 김별이 왜 더 호감 있는 직장 상사 1위인지 김 이사는
이해할 수가 없었다.

인기투표는 얼떨결에 이뤄졌다. 과장급 이하, 소위 젊은 세대와 소통하려는 대표이사의 의지가 단순한 의지로 끝나지 않고 취미생활로 급발진하고 있었다. 그날도 임원 두세 명을 대동한 채 과장부터 신입까지 직원들과 이탈리안 레스토랑을 통째로 빌려 피자, 맥주 파티를 벌이고 있었다. 이제는 직원들과 많이 친해졌다고 느꼈는지 기분이 좋아진 대표이사가 갑자기 주머니에서 5성급 호텔 패키지를 꺼내서 "여러분에게 가장 호감도 높은 직장 상사에게 이걸 주겠다"며 흔들어댔다. 즉석에서 A4용지가 8등분이 되고 이 종이는 곧바로 투표용지가 되어 왁자지껄 떠들썩한 인기투표가 시작됐다.

대표이사는 당연히 자신이 1위일 거라 생각했는지 술기운으로 붉어진 얼굴로 싱글벙글 웃고 있었고 그 옆의 임원들 역시 혹시나 하는 기대감에 김칫국을 사발로 들이키고 있었다. 그래서 대망의 인기투표 1위 주인공은? 그 자리에 참석도 안한 김별 부장이었다.

애써 실망을 감추며 대표이사는 "김별? 관리팀의 그 김별?"이라고 몇 번을 묻는다. '네. 그 김별이요. 우리 회사에 김별이 한 명밖에 더 있나요. 괜히 이런 건 해서. 멀쩡한 임원들 모양 빠지게.'

김별이 누구인가? 평소 대표이사의 안중에도 없던 김별은 존재감이 없다시피 한 보통의 부장1이었다. 그런데 그 김별은 어떻게 MZ세대의 인기투표 1위에 오른 걸까? 인기투표는 회사의 인정과는 전혀 별개이기는 하지만 다들 궁금해하기는 했다. 그 궁금증에 대한 답을 피자와 맥주로 입가가 번들번들해진 대리들이 풀기 시작했다.

"부장님은 직장 상사라기보다 그냥 내 마음을 알아주는 선배 같아요. '라떼는 말이야' 같은 걸 안 하시거든요. 자기 과시가 없다고 할까요? 그냥 이야기를 들어주기만 하는데 부장님한테 말하고 나면 이상하게 문제가 풀려요. 이렇게 해라, 저렇게 해라 훈수를 두는 것도 아닌데 이상하죠?"

또 다른 직원은 이렇게 말한다.

"관리에 정통하셔서 그런지 굉장히 정확하세요. 타 부서의 히스토리를 확인할 때면 아무리 작은 일이라도 직접 해당 자료를 확인하고 말씀해주시니 에러가 날 일이 없어요. 그러니 그쪽 팀원들도 커뮤니케이션에 대단히 정확해요. 오해할 만한 소지를 김별 부장님이 워낙 경계하니까 관리팀은 믿어도 된다는 생각을 다들 하거든요."

이번에는 신입사원이 한마디 보탠다.

"부장이신데 신입사원에게도 깍듯하신 점에 인상 깊었어요. 입사한 지 아직 일 년이 안 되긴 했지만, 지금까지 김 부장님이 반말하시는 걸 한 번도 들어본 적이 없어요. '요즘 애들이, 젊은 애들이'하는 분위기가 상사분들한테는 장난으로라도 묻어나오잖아요. 그런데 김 부장님은 그렇지 않아요. 지난번에도 제가 실수한 일을 관리팀에서 대신 해결해줘야 하는 상황이 생겼어요. 겁먹어서 안절부절 못하는 제게 부장님이 웃으면서 신입사원 때 저처럼 실수한 이야기를 해주시더라고요. 이런 실수는 신입 때 다하는 거고 그래도 미리 막을 수 있어서 운이 좋은 거라고. 그러니까 괜찮다고 하시는데 진짜 울 뻔했잖아요."

'울지 그랬냐, 이 모자란 놈아!' 김별 찬양대회도 아니고 이건 원 듣자듣자하니 부아가 치밀어 오른다.

다음날 약속대로 대표이사는 김별 부장을 자신의 사무실로 불렀다. 국내 최고급 호텔 1박에다 조식 부페에 저녁 와인까지 패키지로 구성된 호캉스 티켓을 받고 김별 부장은 "몰래카메라입니까, 대표님?"하고 물으며 눈을 동그랗게 떴다.

"하하하. 인기투표 1등 간부에게 주는 상이라니까. 이 사람 내 말을 못 믿네. 그건 그렇고 직원들에게 호감 얻는 방법 좀 한 수 배웁시다. 김 부장, 어제 투표 제목이 뭐였는지 알아요? '매력적인 직장 상사 1위를 뽑아라'였다니까요. 내가 그렇게 술을 사고 함께 어울려도 안 되는데 김 부장의 노하우는 뭡니까? 술 한잔 거하게 살 테니 오늘 저녁에 알려줄래요?"

매력 넘치는 사람은
절대 말하지 않는 4가지

'매력적이다'라는 말을 들으면 대부분의 사람들은 쑥스럽겠지만 기분이 나쁘지는 않을 것이다. 오히려 '내가 그런가?'하며 기뻐한다. 그렇다고 해서 '어떻게 하면 매력 넘치는 사람이 될까'하고 굳이 관심을 가지고 공부하는 사람은 없다. 그러나 '매력'이 사회생활의 성패에 큰 영향을 미치는 필수조건이라고 하면 이야기가 달라진다. 매력 있는 사람이 되고자 노력하는 것만으로도 나의 이미지를 상당히 좋은 쪽으로 전환할 수 있다.

매력적인 사람이 되려면 어떻게 해야 할까? 자신의 장점을 살리되 혹시 이런 말투를 가지고 있다면 오늘부터 바꿔보자. 매력 있는 사람이 되는 조건을 찾기보다, 매력 있는 사람이 절대 말하지 않는 것을 나도 말하지 않는 편이 실천하기 훨씬 쉽다.

1. 자기 과시

매력적인 사람들은 영리하고 센스있다. 그래서 남 앞에서 자기 자랑은 하지 않는다. 남의 자랑을 듣는 걸 좋아하는 사람은 없다는 사실을 잘 알기 때문이다. 자기 과시가 심한 사람들은 그걸 모른다.

아파트 가격이 너무 올라 이번에 세금폭탄을 맞을까 걱정이라고 투덜대는 것도 대놓고 자기 자랑이다. 임원으로 진급하니까 월급은 쥐꼬리만큼 오르고(실제로는 두 배나 올랐는데) 일은 몇 배나 많아져서 너무 스트레스 받는다는 말도 잘난 척이다. 듣는 사람 입장에서는 아니꼽거나 어이가 없다.

신입사원이 말끝마다 '어학연수를 뉴욕으로 다녀와서, 부모님 빌딩이 어디에 있어서 주변 점포들을 잘 알고, 엄마가 대학에 계셔서'라고 말한다면 직장생활에서 성공하기 쉽지 않다. 어학연수도 부모 돈으로 다녀왔고, 빌딩도 부모님 거, 대학교수도 자신이 아닌 어머니라는 사실을 모르는 사람이 없기 때문이다. 그저 그 말을 한 자신만 비호감이 된다. 자기 백그라운드를 과시해서 누군가 나에게 더 호감을 갖기를 바라는 시대는 이미 지났다.

2. 오해할 만한 주제

매력적인 사람들은 힘들게 해명할 일을 만들지 않는다.

"그런 뜻이 아니었어. 오해야, 네가 잘못 이해한 거야."

말실수한 후 해명하느라 바쁜 사람들이 있다. 참 비효율적으로 사는 유형이다.

정확하지 않은 정보를 진실인 듯 누군가에게 전달하거나, 사내에서 도는 루머를 신나서 다른 사람에게 떠들거나, 기승전결 무시하고 자신이 하고 싶은 이야기만 횡설수설하면 남들은 오해한다. 팩트만 말하자. 모르면 모른다고 하고 정확하지 않은 사실에 대해서는 확인을 하고 말하거나 아니면 입을 다무는 것이 상책이다.

3. 상대를 당황하게 만드는 말

개그맨들이 제일 싫어하는 말이 사적인 모임에 갔을 때 듣는 "한번 웃겨봐"라고 한다. 무례하다고 느끼기에 충분한 말이다. 한 유명 정신과 의사가 흔히 겪는 일을 토로했다. 지인들과 기분 좋게 저녁 모임을 가지는데 꼭 자신의 우울감을 밑도 끝도 없이 말하기 시작하는 사람이 있다고 한다. 그런 때는 "왕진 안 합니다", "야간진료 안 합니다"라고 센스 있게 대답한다.

이 두 상황의 공통점은 뭘까? 상대가 내키지 않아 하는 상황에 당황스러운 말을 하거나 상대가 불쾌해할 말을 한다는 것이다. 상대의 입장을 고려하지 않고 예의를 충분히 지켜야 한다는 기본 태도가 장착되지 않아서 일어나는 일이다.

은퇴하고 쉬는 친구에게 "요즘 뭐해? 일 알아보는 중이야? 부럽다. 출근 안 해서 좋겠다"라고 말한다고 치자. 친구는 겉으로는 "쉬지 뭐. 천천히 알아보려고"라고 대답하더라도 속으로는 당황하고 불쾌했을지도 모른다.

4. 상대를 깎아내리는 말

매력적인 사람들은 절대 상대가 어리다고 반말을 하지 않는다. 초등학생에게도 자신과 특별한 친분이 없는 경우 존칭을 하는 것이 정상이고 예의이다. '나보다 한참 후배니까 말 놓을게'라고 시작하는 올드한 태도는 더 이상 통하지 않는다. 시대가 변했다. 직장에서도 상하 존칭이 기본 트렌드이다.

'요즘 것들은', '나이도 어린 것이', '그런 학교 나와서 뭘 배웠겠어?'

입 밖으로 뱉는다고 다 말이 아니다. 상대를 존중하는 말만 말이라는 기준을 세워야 나도 존중받을 수 있다. 최소한 상대

를 평가절하하는 말은 절대 하지 않는다는 자기만의 기준을
세워도 훨씬 성숙한 말하기를 구사할 수 있다.

우주 안에서 빛나는
나로 살아가려면

✦

'이래서 출근 시간에 지하철을 타면 안 돼. 이건 너무 수치 스럽잖아!'

인정사정없이 들어오는 사람들에 떠밀려서 입구에서 한참 안으로 들어오게 된 명품 의류 매장 매니저 한가해 씨. 현재 본 의 아니게 어떤 남자의 가슴팍에 코를 박고 사람들 사이에 납 작하게 끼어있는 상태다.

'이런, 생판 모르는 남자 품에 안겨 회사에 가게 생겼네! 차 를 사기는 사야 하는데 할부금이나 한 달 유지비가 얼마나 되 려나. 그냥 경차를 사?'

이런 하릴없는 생각을 하며 앞을 보니 피로에 절은 남녀가

서로 기대어 한밤중인 양 잠들어있다.

'어휴, 맞벌이 부부인가 보네. 그래, 피곤하지. 애 키우며 직장 다니는 게 어디 쉬워? 나도 애들 중학교에 들어갈 때까지 대체 무슨 기운으로 키웠나 몰라. 그래도 사이는 좋아 보이네.'

그런데 이게 웬일인가. 옥수역이라는 안내 방송이 나오자 부스스 일어난 남녀는 서로를 바라보더니 황당하다는 듯 흘러나온 침을 닦으며 각자 다른 방향의 문으로 뛰쳐나갔다.

'부부가 아니었어?'

직원들과 매장 오픈 준비를 하며 지하철에서 본 상황을 이야기하자 직원들은 깔깔 웃어댔다. 사람을 보고 함부로 판단하면 안 된다, 알지도 못하면서 대충 추측해서 행동하면 큰 실수한다, 그런 이야기를 하다 한가해 씨는 자신이 일하는 명품 매장의 전설로 내려오는 고객 컴플레인 사건을 다시 한번 직원들에게 리마인드시켰다.

몇 해 전인가 강남점 매장에 남녀 고객이 들어왔다. 익숙한 얼굴의 여자 고객이어서 반갑게 그녀를 맞은 직원들이 여자를 뒤따라 들어 온 남자 고객에게 인사하며 "어머, 이렇게 큰 아드님이 있었어요?"라고 말했다. 그러자 갑자기 얼어붙은 듯 경직된 여자 고객은 잠시 입을 다물고 직원들을 노려보다가 뛰쳐나갔다.

무슨 상황이었을까? 사실 열 살 정도 연하의 남친과 여행을 가려고 커플룩을 사러 온 상황. 직원들은 고객에게 차마 해서는 안 되는 실수를 저지른 것이다. 여성은 원래 나이보다 노안이고 남성은 유난히 동안이라 열 살 정도가 아니라 실제로는 스무 살 이상 차이가 나 보였다는 것이 직원들의 궁색한 변명이었다. 결국 여성 고객은 정신적 피해보상까지 요구하는 등 거세게 컴플레인을 했고, 본사 임원까지 나서서 사태를 수습하느라 애를 먹어야 했다. 이후 이 사건은 명품 A브랜드의 전설적인 컴플레인 사례로 두고두고 회자되고 있다.

한가해 매니저는 아침부터 지하철에서 시달린 탓인지 종일 컨디션이 좋지 않았다. 자꾸 시계를 보게 되는 것도 그런 이유에서다. 퇴근까지 남은 1시간 동안 정리 좀 하고 정시에 퇴근해서 쉬자고 생각했다. 마음이 급한 그녀는 매장에 손님이 뜸한 틈을 타 서류 정리를 하고 있었다.

"혹시, 너 가해 아니니?"

모니터를 정신없이 보고 있던 한가해 매니저 앞에 나타난 인물은 고등학교 동창이었던 영주. 친하지는 않았지만 3년 동안 2번이나 같은 반이었다.

"나 영주. 가나 여고 동창 영주! 가해 맞구나! 어머어머, 웬일이니. 너무 반갑다."

이런 때가 제일 난감하다. 반가워해야 하나 말아야 하나. 명품 매장 매니저와 고객으로 친구를 만나면 사실 재회가 반갑지만은 않다. 게다가 이 친구. 눈치도 없이 매니저인 친구 매출 올려준다고 흥분해서 퇴근 시간이 지나도록 이 옷, 저 옷 다 입어 보며 패션쇼를 벌인다. 결국 진을 뺀 시간과 노력에 비하면 결코 효율적이지 못한 금액의 옷을 한 벌 사서 온갖 생색을 내고 돌아갔다.

"야, 걔 알지? 학교 때 왜, 걔 있잖아!"

왠지 울적해져서 퇴근길 친한 동창에게 전화해 '무슨 애가 그렇게 눈치가 없냐', '그래도 자기가 뭐 하나 사준다고 생색을 어찌나 내는지 기가 찼다'고 열을 내며 뒷담화를 했다. 그러자 가해 씨의 말을 듣던 동창이 한마디 한다.

"그러지 마. 영주 걔 고생 많이 했어. 아파서 죽다 살아나고 이혼도 하고. 이제야 회복해서 자기 일 하면서 열심히 사는 애야."

괜히 뒷담화한 자신만 머쓱해진다. 사람마다 참 다른 인생을 산다. 겉으로 봐서는 모를 일이다. 부부로 보여도 남남일 수 있고, 모자로 보여도 연인일 수 있다. 부잣집 마나님처럼 굴어서 사람 약 오르게 하는 친구가 아픈 과거를 딛고 다시 재기한 여전사일 수도 있다. 남의 일은 알 수가 없다는 사실만 알고 살아도 남에게 실수할 일이 반으로 줄어든다.

'그래. 각자 자기 인생 사는 거다. 함부로 판단하지 말자. 남 일에 관심두지 말고 나한테 집중하자.' 요즘 마음이 너무 허술했나 싶어 반성 모드에 들어간 한가해 씨는 퇴근길에 집 근처 서점에 들렀다. '나나 잘하자'가 인생 모토였는데 잠시 잊었나 보다. 다시 마음을 다잡아야겠다고 생각하니 발걸음이 한결 가벼워진다.

시간이 지날수록
빛나는 내가 되려면

'척 보면 안다'고 착각하는 사람들이 있다. '다른 사람은 몰라도 내 눈은 못 속인다'라면서 사람을 꿰뚫어 보는 척, 돗자리 깔고 앉아야 할 사람들도 있다. 그러나 그런 유형의 사람들이 인간관계에 문제를 일으킬 확률이 매우 높다. 사람은 그렇게 단순하지 않다. 특히 남의 인생은 한 번 봐서는 알 수가 없다. 제각각 살아온 사정이 너무 다르기 때문이다. 그래서 내가 사람들 사이에서 살아가면서 남에게 실수하지 않고 보다 호감 가는 사람이 되기 위해서는 '타인을 안다'고 함부로 착각하면 안 된다.

1. 사람 일은 그냥 봐서는 모른다

'귀신을 속이지 나를 속여? 딱 보니 어떤 인간인지 한눈에 알겠구만!' 이런 생각은 지금 당장 버리도록 하자. 한 번 보고 알 수 있는 사람은 없다. 외향적으로 보이는 사람도 마음의 슬픔을 감추려 일부러 그렇게 행동하는 것일 수도 있다. 평소 착하고 순하다고 해서 만만하게 봤다가 강한 성격에 된통 뒤통수 맞는 경우도 있다.

특히 리더들의 선입견은 큰 단점이 된다. 출신 대학이나 전공으로 후배의 능력을 추측하는 경우가 대표적이다. 또한 후배 직원들이 범한 한두 번의 실수를 두고 '무능한 직원', '일 처리를 믿을 수 없는 직원'이라고 낙인찍는 경우가 있다. 그러나 리더의 성급한 낙인찍기 상황이 자주 벌어진다면 직원이 아닌 리더가 신뢰를 잃게 된다. 후배 직원들의 성장 가능성을 간과하기 때문이다.

누구를 만나더라도 인상만으로 함부로 판단하는 습관만 버려도 뜻하지 않게 인간관계에 금이 가는 일을 막을 수 있다.

2. 인간관계의 기본은 '나는 나, 너는 너'

'사람이 호감 가네'라는 말은 어떤 요소를 보고 하게 될까? 여러 가지가 있겠지만 그중 하나는 자신감이다. 자신감이 넘치는 사람에게는 호감이 간다. 자신감이 있으면 말과 행동이 당당하고 품이 넓다. 작은 일에 연연해하거나 열패감에 사로잡히지 않는다. 또한 자기 자신을 있는 그대로 인정하고 남들과 비교하지 않으며 자신의 행복에 집중할 줄 안다.

같이 입사한 동기가 별반 특별한 것도 없는데 나보다 먼저 진급했다고 배 아파하며 우울해하지 말자. 먼저 진급한 동기에게는 그 사람의 속도가 있고 나에게는 나의 속도가 있다. 대리에서 과장 진급에 속도전을 벌일 건지, 과장에서 부장 진급에 승부수를 띄울 건지는 각자의 목표와 전략에 따라 다르다는 뜻이다.

회사에서 무능력자 취급당하다 퇴사한 후배가 창업을 해서 대박이 났다. 그 소식을 듣자 갑자기 나도 어서 퇴사를 해서 창업을 해야 하나 하는 불안하고 조급한 마음이 드는 이유는 그 사람과 나를 연장선상에 두고 비교하기 때문이다.

언제나 '나는 나, 너는 너', '내 인생은 내가 알아서, 네 인생은 네가 알아서', '각자도생(各自圖生)'이라는 철칙을 잊지 말자. 타인과 비교하지 말고 내 인생을 사랑하며 성실하게 나의 속도로 나의 삶을 운영한다는 원칙을 지킨다면, 남과 비교하지 않아서 더 멋진 나를 어필할 수 있다.

주변을 심플하게 정리하면 한눈에 내가 어떻게 살고 있는지 조망할 수 있고 컨트롤이 쉬워진다. 그러나 주변이 잘 정리되어 있지 않으면 물건은 물건대로 뭐가 어디 있는지 모르고, 사람은 사람대로 챙기지 못하고 지나가게 된다. 주변이 필요에 따라 잘 정리되어 있지 않으면, 오히려 내가 주변에 있는 것들에 휘둘리게 된다.

따라서 정리하는 습관은 나를 단정하게 만든다. 심플하게 주변을 정리하면 뭐가 어디에, 어떤 필요로 있는지 한눈에 파악할 수 있다. 특히 인간관계도 심플하게 정리해야 한다. 내가 챙겨야 할 사람은 제때 안부를 묻고 일이 잘 풀리기를 응원하며 좋은 관계를 지속해 나가야 한다. 만약 부정적인 영향만 끼치는 사람에게 생각 없이 휘둘리며 계속 끌려다닌다면, 내가 관계 정리를 주도적으로 제대로 하고 있는지 검토해 봐야 한다.

주변이 심플해야 좋다. 그래야 자신에게 집중할 수 있다. 물건도, 계획도, 인간관계도 정리할 건 과감히 정리하자. 좋은 건 더 좋아질 수 있도록 귀하게 챙기자. 그래야 나와 내 주변이 빛날 수 있다. 더 밝은 곳으로 걷자. 한 걸음 더.

인복은
스스로 만든다

홍대 ○○포차. 일주일째 야근으로 천근만근 무거운 몸을 이끌고 이곳으로 들어선 사람은 J물산의 김주리 과장. 그녀를 보자 손을 번쩍 들어 올려 환영하는 친구들은 이미 알딸딸하게 취해 있다.

"대체 몇 시부터 마신 거야? 퇴근은 제대로 하고 나온 거야?"

오뎅탕에서 곤약과 삶은 달걀을 건져 먹으며 김주리 씨는 친구들을 둘러보았다.

"얘 다크서클 봐. 팬더가 친구 하자고 하겠다. 무슨 부귀영화를 보겠다고 매일 야근이야. 그런다고 월급 더 주는 것도 아닌데 대충해, 좀."

그렇기도 하다. 작은 회사가 피해 갈 수 없는 어려움은 직원들이 너무 자주 바뀐다는 것이다. 그러다 보니 김주리 과장처럼 5년 이상 재직한 직원들만 점점 일이 많아진다. 히스토리를 다 꿰고 있는 사람이 거의 없기 때문이다. 이제는 눈앞의 일을 그냥 쳐낸다는 심정으로 하고 있다. 잘하는 게 아니라 전부 해내는 게 목표가 되었다고나 할까. 야근 후 이렇게 친구들과 술 한잔하는 걸로 스트레스를 푼다.

다음날 숙취로 멍하게 겨우 출근한 김 과장은 놀라운 소식을 듣는다. 옆 팀 최 과장이 이번 인사발령에서 부장으로 특진한다는 것. 작은 회사라 소문은 곧 사실이 되고 반나절 만에 모르는 사람이 없게 되었다.
최 과장은 기쁨을 감추려는 생각조차 없다는 듯 밝은 표정으로 사무실을 바쁘게 종횡무진한다. 그런 최 과장을 힐끔거리며 회사 내 빅마우스로 명성을 날리는 이 주임이 쉴 새 없이 소문을 물어 나른다.

"김주리 과장님, 속상하시죠? 동기인데 최 과장이 먼저 진급하고. 저도 이상하다 싶어 좀 알아봤더니 최 과장이 준비를 많이 했더라고요. 우리 빅 클라이언트인 W상사가 중국 시장에 공격적으로 나갈 거라는 사전 정보를 입수하고 중국 관련 공부를 많이 했나 봐요. 그래서 이번 PT도 따냈고 W상사 쪽에서도 최 과장을 대단히 좋게 봤다고 하더라고요. 진급하고 바로 W상사랑 중국에 장기 출장 동행할 거래요."

머리를 세게 한 대 맞은 느낌이었다. 김주리 씨는 입맛이 썼다. 회사 내 극소수만 남은 동기 중 한 명인 최 과장이 먼저 진급을 한다. '그동안 나는 뭘 했을까'하는 생각에 마음이 울적하다. 사내 히스토리를 제일 잘 안다는 이유로 여기저기 오지랖 넓게 참견하느라 늘 만성 야근이었다. 스트레스가 쌓일대로 쌓였지만 불러주는 술친구들이 있어서 그 낙으로 몇 년을 흘려보냈다. 집, 회사, 술, 집, 다시 회사 그리고 술. 그게 김주리 씨의 루틴이었다. 뭔가 잘못돼도 대단히 잘못되었다. 최 과장을 한번 만나봐야겠다는 생각은 축하보다는 '왜 너만 잘나가는지'에 대한 궁금증 때문이었다.

축하한다는 김주리 씨의 말에 동기 최 과장은 여전히 함박웃음을 지으며 커피를 샀다. 너만 승승장구하는 비결이 뭐냐는 농담 같은 그녀의 질문에 최 과장은 "인복이 많아서"라고 답했다.

"주변에 좋은 말을 해주는 사람들이 많아. 내가 전에도 말한 적 있지? 전 직장의 김 선배. 그 회사 전설이거든. 왜 그렇게 잘 되는지 늘 궁금했어. 친하게 지내고 싶어서 귀찮게 좀 했지. 인사도 자주 가고 밥 사달라고 조르기도 하고. 그러다 보니 흉금 없이 이 얘기 저 얘기 하는 사이가 되었는데, 지금 직장생활을 대충 얘기하니까 중국에 대한 공부를 본격적으로 죽기 살기로 파라고 하더라고. 상황을 보고 그게 큰 기회인 줄 아는 안목을 가진 분이었던 거야. 그래서 죽어라 했지 뭐. 고생한 보람이 있네. 내가 인복이 많아. 다 그분들 덕이야."

그 후로도 김주리 씨는 최 과장이 새벽에 출근하기 전과 퇴근한 후에 중국어부터 중국의 경제, 문화에 이르기까지 광범위하게 공부했다는 사실을 알게 되었다. 그녀가 회사에서 그냥 눈앞의 일만 처리하는 데 급급하고 술 좋아하는 친구들과 밤늦게 술잔을 기울이는 사이, 최 과장은 그렇게 착실히 자신의 미래를 준비하고 있었던 것이다.

같은 회사에서 같은 시간을 보내도 누구는 회사 일에 회의를 느끼면서 제자리걸음 하는데, 누구는 특진을 하고 본인의 꿈을 향해 날개를 펼친다. 김주리 씨는 최 과장과 자신을 비교하며 초라해지는 기분에 괜히 주변 사람들을 원망했다.

"내가 인복이 없는 거야. 주변을 봐. 친구라고 하나같이 밤늦게 술이나 마시자고 하지 내게 좋은 정보를 주는 친구는 없잖아? 부자가 있어, 잘나가는 사람이 있어? 그렇다고 내가 집안 배경이 좋아? 학비도 내가 벌어서 다녔는데. 우주가 도와야 일이 잘 풀린다는데 대체 나는 어떻게 이렇게 사람 복이 없을까?"

인복 많은 사람이
꼭 지키는 3원칙

인복이 많다는 말은 왠지 든든한 마음을 들게 한다. 사람이 아무리 똑똑하고 재능이 뛰어나도 도와주는 사람 없이 혼자 잘되기란 힘들다. 곁에서 혹은 멀리서라도 이래저래 도와줘야 내 인생길이 편한 법이다. 그런데 이 인복은 그저 타고나는 걸까? 그렇지 않다. 대부분의 인복은 자신이 쌓는다.

1. 좋은 사람을 밀어내지 마라

나보다 뛰어난 상대를 인정할 줄 아는 것이 인복의 시작이다. 그런데 우리가 흔히 하는 실수는 나보다 잘난 사람을 보면 질투한다. 뒷담화를 하며 끌어내린다. 특히 회사에서 이런 일이 비일비재하다. 초스피드로 진급하는 사람은 어느 조직이나 있고 그들은 시기 질투의 대상이 된다.

"운이 좋았네. ○○임원에게 잘 보였다나 봐. 아부도 타고

나야 하는 거지 억지로는 안 되더라고."

줄을 잘 섰다, 솔직히 말해서 실력이 뭐 있냐 대진 운이 좋았던 거지, 이런 말을 하면서 괜히 삐죽대는 사람이 초스피드로 승진할 만큼 유능한 사람과 사이가 좋을 리 없다. 유능한 사람, 시기 질투의 대상이 되는 사람은 내가 가까이하며 배워야 하는 사람이다. 실력 있는 사람에게 배우고 긍정적인 영향을 받아야 내 실력이 향상되고 성공의 기회도 생긴다. 유능한 사람은 욕심껏 끌어당겨라. 유능한 사람의 실력을 폄하하고 깎아내려봐야 도움받을 기회만 사라진다. 인복을 스스로 차버리는 셈이다.

2. 아닌 사람을 끌어당기지 마라

'아, 저 사람은 아니다' 싶은 유형이 간혹 있다. 그런 줄 알면서도 오랜 동창이니까, 직장 선배니까 안 볼 수도 없어서 그냥 곁에 있는 걸 방치하는 경우가 있다. 이건 내 인복을 스스로 망치는 행동이다.

예를 들어 직장 선배나 오래된 동창이 밤만 되면 전화를 해서 자기 푸념을 해댄다. 자기 회사 직장 상사 욕을 30분 내내 하다가 나는 알지도 못하는 자기 시집 식구들 욕을 잘근잘근

끝도 없이 하는 소리를 듣다보면 한 시간이 훌쩍 넘는다. 듣다가 지친다. 그런데도 싫다는 소리를 못 한다. '야박하게 어떻게 그런 말을 해'라고 하면서 혼자 힘들어한다. 이것이 바로 스스로 인복을 차버리는 행동이다. 그걸 우정이라 착각하면 안 된다. 나를 감정 쓰레기통으로 사용하는 지인은 단호하게 멀리해야 한다.

밤 10시에 불러내 새벽 2시까지 술 마시는 게 일상인 오래된 친구들이 있다고 생각해 보자. 술자리에서의 주제는 주로 사람들의 뒷담화, 정치 스캔들, 연예인 이야기이다. 아무리 뒤져봐야 유익한 내용은 하나 없다. 그냥 모여서 술 마시는 걸 좋아하는 친구들이다. 그런데 초등학교 때부터 한동네에서 자란 친구들이라 그들이 좋다. '유익함이 꼭 있어야 친구인가? 부족하고 모자라도 친구지'라고 생각하며 계속 무의미한 술자리에 앉아있다면 나도 모르는 사이 나의 경쟁력은 사라지고 퇴보할 것이다. 시간을 낭비하는 습관에 젖은 지인들을 가까이하는 습관 자체가 '인복 없다'와 동의어이다.

3. 내가 그들의 인복이 된다

한번 생각해 보자. 내가 저 친구 곁에 있으면 친구는 내가 있어 인복이 참 많다고 생각할까? 그러면 내 인복을 만드는 답이 나온다. 내가 그들의 인복이 되어야 내 주위 사람들도 나를 돕고 응원한다. 선한 영향을 미치는 사람 곁에 사람들이 모이는 것은 당연한 일이다. 어떻게 해야 내가 내 주위 사람들의 인복이 될 수 있을까?

① 말로 인복 쌓기

사람들의 안부를 묻자. 안부를 물으면 응원이나 위로, 축하 등 상대의 상황에 걸맞는 말이 뒤이어 나올 수밖에 없다.

'넌 잘될 거야', '지금 잘하고 있어, 파이팅', '네가 잘되길 바라'. 이런 말에 익숙해져야 한다. 누군가를 보면 장점을 먼저 찾고 그걸 상대에게 말해주는 습관이 내가 그들의 인복이 되는 비결이다.

② 신뢰로 인복 쌓기

'그 사람은 믿어도 된다'라고 평가받는 사람 곁에는 좋은 사람들이 모인다. 사람은 끼리끼리 모이기 마련이라 그렇다. '나는 믿을만한 사람인가?'라는 질문이 인복의 핵심 키워드라고 할 수 있다. 내가 믿을만한 사람인지 나도 잘 모르겠다면, 다시 이런 질문을 던져보자. '나는 내가 말하는 대로 행동하고 있나?' 후배들에게 '한 살이라도 어릴 때 공부해라', '자격증에도 관심을 기울여라'라고 말하면서 정작 자신은 책 한 권 읽지 않는다면 타인의 신뢰는 물 건너갔다. 신뢰가 없는 사람에게는 좋은 사람이 모이지 않는다. 인복 쌓기가 그래서 어렵다.

직장생활
자기 돌봄의 내공

김초연 부장은 오늘 아침 사무실에서 벌어진 해프닝이 생각할수록 웃기다.

점심시간만 되면 전쟁통처럼 북적대는 회사 앞 순댓국집, 부대찌개집, 칼국수집, 백반 전문점을 벗어나 10여 분 정도를 빠른 걸음으로 걸어가면 깔끔한 식당 몇 개가 모여 있는 아파트 상가가 있다. 김초연 부장은 일주일에 두 번은 여기서 혼자 점심을 먹는다.

오늘 메뉴는 고수를 듬뿍 얹은 쌀국수다. 손님도 별반 없이 한가한 가게에서 따뜻하고 부드러운 국수 한 그릇을 천천히

먹다 보면 '세상 참 평화롭다'는 생각이 든다. 아침 일만 해도 그렇다.

김초연 부장의 동기인 마케팅팀 최신경 부장은 예민하고 신경질이 많다. 오늘도 집에서 무슨 일이 있었는지 미간을 있는 대로 찌푸리고 출근했다. 직원들도 이런 패턴을 잘 아는 터라 최 부장의 얼굴만 보고도 눈치껏 움직인다. 직원들의 업무에 사사건건 시비를 거는 최 부장. 그런데 오늘은 공교롭게도 김반항 과장이 최 부장을 피해가지 못했다. 김반항 과장의 보고서를 최 부장이 짜증 섞인 목소리로 지적하며 언성을 높이자 김 과장은 날카로운 목소리로 답했다. "부장님이 지시하신 대로 진행한 건데 왜 이제와서 다른 말씀을 하십니까?" 그야말로 불난 곳에 기름 끼얹은 격.

"김 과장! 지금 뭐라고 했어!"

최신경 부장의 천둥 같은 고함에 김반항 과장은 작정이라도 한 듯 휙 사무실을 나가버렸다. 다들 일하는 척하고는 있지만, 이 분란에 모든 귀와 눈이 몰려있었기에 최신경 부장만 하극상을 당해 모양 빠지는 직장 상사로 결론이 났다. 분을 참지 못한 최신경 부장이 길길이 날뛰자 최 부장을 아는 팀원들은 하나둘씩 사무실을 빠져나갔다. 마치 김 과장과 의견을 같이 한다는 듯.

일이 이쯤 되니 동기인 김초연 부장이 최신경 부장을 어떻게든 구해줘야 하는 상황이다.

"최 부장, 김 과장이 속상해서 그런 모양인데 마음 풀어요. 나랑 차나 한 잔 하며 오후 컨퍼런스 얘기 좀 합시다."

최신경 부장은 김초연 부장에게 마지못해 끌려 나오며 대체 김 부장은 매사에 어떻게 그렇게 태연할 수 있는지 투정같이 물었다.

"난 회사에 출근하면서부터 이미 기분이 좋아. 너무 다행이라는 생각이 들거든. 하하하. 회사가 나에게 사회에서 울타리도 되어주고 월급도 주는데 기분 나쁠 이유가 없지. 고마운 마음이 크니 마음 상하는 일이 있어도 굳이 티를 내지 않아.

동료들에 대해서도 마찬가지야. 나 창업했다가 접은 거 알지? 그때 느꼈어. 사람의 유형은 참 다양해. 겉으로 봐서는 알수가 없어. 직원들도 마찬가지야. 내 입맛대로 '사원은 이래야해, 저 친구는 과장이나 되었으니 내가 화를 좀 내도 성숙하게 받아들이겠지' 이런 게 착각이야. 최 부장 마음대로 판단하지마. 타인의 마음은 알 수가 없거든.

그리고 노파심에서 한 가지 더 말하면 말이야. 김 과장과 오늘 일 때문에 서먹하게 지낼 필요 없어. 괘씸하게 생각하지도 말고. 우리는 회사가 필요해서 모인 사람들이야. 부대끼며 일하다 보면 마음에 드는 사람도 있고 그렇지 않은 사람도 있어. 김 과장이 최 부장과 안 맞는다는 생각이 들어도 그러려니 해. 정서적으로 거리를 두고 그저 일에 있어서만 신의와 공정으로 지내면 되는 거야. 아무리 리더라도 모두의 존경을 받는 건 불가능하다는 걸 쿨하게 인정하자고."

김초연 부장의 이런 여유 있는 태도에는 이유가 있다. 김초연 부장은 A물산을 몇 년 전에 퇴사했다가 재입사한 케이스다. 회사를 그만둘 때는 그야말로 야망이 넘쳤다. 후배 하나가 일찍 퇴사하고 편의점 사업을 시작한 지 3년 만에 운영하는 점포를 12개까지 늘렸다. 원래 귀가 얇은 편은 아닌데 하는 일이라곤 매일 골프나 치고 편의점 12곳을 돌며 수금하는 게 전부라는데 부러워하지 않을 수가 없었다.

일단 점포 하나부터 착실하게 시작해서 3년 안에 어쩌고 하는 김초연 부장의 말을 미심쩍어 하면서도 그의 아내는 그동안 꿍쳐 놓은 돈을 퇴직금 위에 얹어주었다. 전 재산이다시피 한 몇억을 들여 시작한 편의점. 그러나 결과는 참담했다. 아르바이트 3명을 고용해 시작했지만 매출이 형편없다 보니 누군가를 고용해서 장사하는 것은 사치였다. 결국 김 부장이 마감을, 매장 오픈 시간은 아내가 전담하기로 했다. 김 부장은 오후 2시쯤 편의점으로 출근해 아내와 교대하면 새벽 2시까지 감옥 아닌 감옥에 갇힌 꼴이었다.

몸이 힘든 거야 내 사업이니 그렇다 치지만 온갖 진상을 부리는 손님을 상대하는 건 김초연 부장에게 말할 수 없는 회의감을 안겨주었다. 한번은 진열장에서 장난치는 어린아이에게 "그러면 위험해요. 하지 마세요"라고 상냥하게 말했을 뿐인데 아이 엄마라는 여자가 갑자기 김초연 부장에게 소리를 지르며 화를 냈다. 왜 내 아이한테 그런 소리를 하냐는 말에 기가 찼지만 대충 사과하며 넘겼다. 그러나 이게 웬일인가? 저녁때 그 여자의 남편이 찾아와서 '왜 우리 식구를 욕했냐', '구멍가게나 하는 주제에'라는 표현과 함께 지금까지 살면서 들어본 적 없는 욕까지 먹었다. 결국 경찰이 출동하고서야 일이 마무리되었다.

김초연 부장은 멘탈이 완전히 너덜너덜해진 상태에서 새벽 두 시까지 매장을 지키고 유효기간이 지난 삼각김밥 6개를 챙겨 집으로 돌아왔다. 생각했던 것과는 달리 수입은 보잘것없었다. 감가상각˙이나 이자 비용은 차치하고라도 아내와 자신의

˙ 감가상각 토지를 제외한 고정 자산에서 생기는 가치의 소모를 셈하는 회계상의 절차. 시간의 흐름에 따른 유형 자산의 가치를 회계에 반영함.

한 달 노동비가 합쳐서 2백만 원 남짓이니 따지고 보면 적자도 이만저만한 적자가 아니었다.

주말에는 대학생인 아들과 딸이 도와준다고는 하지만 '이건 정말 사는 게 아니다'라는 생각에 숨이 턱 막혀올 때쯤 전 직장인 A물산에서 재입사를 타진해왔다. 이게 무슨 일인가! 곧 죽을 운명이었는데 하늘에서 동아줄이 내려온 느낌이 이런 걸까? 결국 김초연 부장은 권리금 포함 2억 넘게 손해만 보고 2년 만에 폐업했다. 그리고 다시 월급쟁이 김초연 부장으로 돌아왔다.

김 부장은 새벽까지 작은 점포에서 오지도 않는 손님을 기다리며 서성이지 않아도 된다는 편안함, 걱정 없이 매달 월급을 받을 수 있다는 안도감을 느꼈다. 피로에 절은 표정이 아니라 여유 있는 표정으로 출근하는 김 부장을 배웅하는 아내의 표정도 덩달아 편안해졌다. 이렇듯 김 부장의 마음과 태도를 완전히 바꿔놓은 것이 그 고생 후에 얻은 유일한 수확이라고 할 수 있었다.

재입사 후 김초연 부장은 예전보다 호감을 사는 이미지로 변모 중이다. 여유 있는 태도와 감사의 표정, 인간관계에 전전긍긍하지 않는 태도가 점점 더 그의 직장생활을 수월하게 만들고 있다.

예전에는 업무를 위해 점심시간도 활용했다. 누군가와 함께 비즈니스에 도움이 되는 점심식사를 하지 않으면 무언가에 쫓기는 느낌을 받았다. 그러나 이제는 혼자서도 편안하게 식사를 즐길 수 있게 되었다. 혼자 충전하는 시간도 있어야 다른 사람들을 대하는 마음과 시선이 너그러워진다는 사실을 깨달았기 때문이다.

정겨운 식당 아주머니가 권하는 페퍼민트차까지 한잔 얻어 마신 김 부장은 여유 있게 사무실로 향한다. 에너지가 채워졌다. 자 다시 즐겁게 시작해볼까. 발걸음이 가볍다.

인간관계 망치지 않고
쿨하게 유지하려면

　화가 난 때야말로 인간관계 고수와 하수가 한눈에 드러난다. 그 순간 멀쩡하던 인간관계를 망치거나 아니면 유연하게 대처하거나가 결정된다. 똑같은 환경에서 일하는 동료들이지만 툭하면 화를 내고, 화가 났다는 것이 겉으로 드러나고 동료들에게 부정적인 영향까지 미치는 경우가 있다. 그러나 오히려 더 화가 많이 나야 하는 상황임에도 불구하고 평안을 누리는 사람도 있다. 이유가 무엇일까? 바로 그런 상황에서도 나의 호감을 높이는 쪽으로 생각하고 행동할 줄 알기 때문이다.

1. 기분대로 행동하지 않는다

　대학생인 딸아이가 처음으로 아르바이트를 시작했다. 사흘째 되는 날 내게 묻는다. 가게 매니저가 이상하단다. 기분 좋게 잘 웃고 멀쩡하게 일하다가도 자기 기분이 나빠지면 주변에 온통 짜증을 낸다고 한다. 한마디로 '돈 받고 일하면서 왜 자기 기분에 따라 남한테 피해를 주고 근무 분위기를 망칠까?'라는 의문이다. 돈 받고 일하면서 왜 자기 기분에 따라 태도가 달라질까?

한마디로 '프로 근성'이 없어서다. 프로들은 자기 기분대로 행동하지 않는다. 특히 어떤 이유에서건 기분이 상했을 때 스스로 알아차리고 얼른 그 부정적인 감정에서 빠져나오려 노력한다. 왜냐하면 부정적인 감정의 피해자가 된 사람은 자신에게 감정을 폭발시킨 대상에게 정이 떨어진다. 내 기분이 나쁘다고 내키는 대로 내뱉은 불똥에 맞은 사람은 즉시 나를 비호감으로 분류한다. 화를 내려면 화를 나게 만든 당사자 이외에 다른 사람에게 영향을 주어서는 안 된다는 점을 명심하자.

2. 타인이란 알 수가 없다

직장 인간관계에 문제가 생기는 이유는 뭘까. 상대를 잘 안다고 생각하거나 '이런 상황에서는 이렇게 하는 것이 정답'이라는 자기 기준이 강할 때 문제가 생긴다. 한마디로 자기 마음대로 안 되니 관계가 틀어지는 거다. 그러나 이런 경우 자신이 균열을 자초했다고 보아야 한다. 내가 타인을 다 알 수는 없다.

또한 타인은 내 마음대로 움직여주지 않는다.

예를 들어 경력으로 입사한 후배가 면접을 볼 때는 열정을 그렇게 어필하더니 실제 근무를 시작하고는 일에 대해 시들시들 별 의욕을 보이지 않아 못마땅하다. 이 경우 그 후배에게 왜 면접 때와 다른지를 따지면서 화를 내는 것이 맞을까? 아마 그 후배는 면접 때의 자신과 지금의 자신이 뭐가 다르냐고 반문할 것이다. 후배가 변한 것이 아니라 내가 후배를 그렇게 판단했을 따름이다. 후배를 뽑으며 내가 원하는 기준의 열정으로 일할 것이라고 판단한 것은 내 생각일 뿐, 그 기준을 후배가 정한 것은 아니다.

또 다른 예. 김 과장은 신입사원이 들어오면서부터 두통이 시작됐다. 마치 카운트다운이라도 하는 것처럼 퇴근시간 정각에 맞춰 "퇴근하겠습니다"라고 외치는 그들. 선배들 눈치 같은 건 아예 보지 않는다. 여유 있는 신입의 퇴근 모습에 화가 난다. 직장생활을 어쩜 이렇게! 혼자 열불을 내봐야 아무도 알아주지 않는다. 퇴근 시간이 6시인 이상 6시 정각에 퇴근한다고 뭐라 할 명분이 없다. 직장 상사가 퇴근 전이면 부하 직원도 칼퇴가 곤란하다는 건 내 기준일 뿐이다. 남을 내 기준에 구겨 넣지 말자. 그것이 내 이미지를 세련되게 지키는 방법이다.

직장 동료들 간의 우정이란 뭘까? 서로의 행복을 빌어주고 잘 되기를 응원하고 필요할 때 힘이 되어주는 것이다. 그래야 의미가 있다. 그런데 그 사람을 생각만 해도 힘들고 짜증이 난다면 절대 바람직한 관계가 아니다.

특히 거래처의 갑을 관계, 강압적인 직장 선배에게 휘둘리는 일방적인 관계를 약점이라도 잡힌 사람처럼 비즈니스상 놓지 못하고 힘들어하는 경우가 많다. 물리적으로 떨어질 수 없는 관계라면 정서적으로라도 멀어져야 한다. 마음부터 성큼 멀어지자. 그것만으로도 스트레스 지수는 확 떨어진다.

마음속으로 '아, 이 사람과는 단지 일 때문에 함께 있는 거니 지나치게 연연하지 말자' 이렇게 다짐하는 순간, 상대의 눈치를 보며 관계에 매달리지 않게 된다. 사실 시간이 지나면 그리 중요한 관계도 아니었다는 것 또한 알게 된다. 내가 죽어라 공을 들여야 겨우 유지되는 관계는 애써 붙잡지 말자. 그저 쿨하게 마음속으로 놓는다고 상상해보자. 그 순간 그렇게까지 힘들고 진지하게 고민할 일이 아니었다는 걸 깨닫게 된다. 부디 나를 화나게 하는 나쁜 관계로부터 자유로워지자.

세련되고 기품있게
자신을 가꾸는 비결

중견기업 A전기의 한진주 과장. 회사 사람들의 워너비로 불린다. 그렇다고 해서 연봉이 어마어마하다거나 금수저라거나 지나가면 남들이 쳐다볼만한 외제차를 몰고 강남 한복판에 있는 오피스텔로 출퇴근하는 수준은 아니다. 넬모레 마흔을 바라보는 싱글로 그저 자유롭고 세련된 직장인일 뿐.

그런 한진주 과장은 후배들에게 닮고 싶은 선배다. 주변에서는 그녀를 보며 '기품있다'고 감탄한다. 왠지 모를 멋이 있다는 거다. 처음부터 한 과장이 그런 이미지는 아니었다. 한 과장이 지금처럼 변한 건 그녀의 멘토 격인 김루비 선배 덕분이다. 지금은 퇴사했지만, 현직에 있을 때 그녀는 한 과장의 롤모델

이었다.

몇 년 전만 하더라도 한진주 과장은 늘 마지못해 사는 사람 같았다. 모든 일이 시들했다. 결혼하라는 부모님의 성화는 회사 근처 오피스텔로 독립해서 차단했다. 연애는 몇 번 했지만, 결혼을 생각할 만큼 좋은 남자는 만나지 못했다. 그녀는 생각했다. 확신이 없는데 결혼을 어떻게 하나. 급하다고 아무나하고 할 수는 없잖아.

회사도 딱히 한진주 과장에게는 열정의 대상이 아니었다. 일단 뭘 열심히 한다고 여자를 제대로 승진시키는 회사가 아니었다. 철저히 마초적이고 보수적인 남성 위주의 조직에서 그저 성희롱이나 안 당하면 다행이라 생각했다. 썩은 동아줄인지 멀쩡한 동아줄인지 제대로 구분도 못 하는 사람들이 새로 온 낙하산 임원에게 아부하느라 정신없는 꼴을 반복해서 구경하는 동안 한 과장은 점점 더 시니컬한 사람이 되어가고 있었다.

일도 딱 월급 받는 만큼, 회사에서 그녀를 대우하는 만큼, 더도 덜도 아니고 그만큼만 하자고 작정했다. 사람들과도 '안녕하세요', '수고하셨습니다'하는 인사 정도만 했다. 엄마는 회사 사람 누구라도 만나서 결혼하라고 잔소리를 해댔지만 "어휴, 이 회사에서 결혼할 사람을 만나? 말도 안 되는 소리"라며 딱 잘랐다. 이 회사 수준이 뻔한데, 배우자를 이 회사에서 만나? 차라리 혼자 살고 말지. 퇴근하고 오늘은 먹태, 내일은 후라이드 반 양념 반, 안주를 골고루 돌려가며 저녁 겸 맥주 한잔 하고 침대에 누워 넷플릭스로 드라마를 보고 인스타그램을 들여다보면 어느샌가 잠이 들고 다시 일어나 허둥지둥 출근하는 삶. 그것이 한진주 과장의 일상이었다.

그런 한진주 과장에게 회사에 스카웃되어 등장한 김루비 부장을 만난 건 직장생활 일대 사건이었다. 김 부장은 일단 밝았다. 유쾌하고 명랑하며 누구에게나 말을 놓는 법이 없고 정중했다. 회의 시간에는 어느 사람의 발언이든 집중했다. 발언 내용을 메모하고 고개를 끄덕이거나 발언자와 눈을 맞추며 공감한다는 제스처를 표현하는 데 인색하지 않았다.

그뿐인가? 회식에 가면 분위기를 부드럽게 만들고 후배들을 즐겁게 했다. 매월 한 번 있는 대청소 날은 아예 편안한 캐주얼 복장으로 출근해서 머리를 하나로 질끈 묶고 청소를 진두지휘했다. 그런 김루비 부장을 보며 한진주 과장은 동경심을 느끼기 시작했다. 참 사람이 근사하다고 점점 호감을 느끼고 있는 차에 김 부장이 먼저 한 과장에게 점심을 함께 하자고 했다.

"어쩜 그렇게 에너지가 넘치세요. 솔직히 놀랐어요. 저는 좀 무기력한 편이거든요. 딱히 재미있거나 신나는 일도 없고. 그냥 겨우겨우 살아가는 느낌이에요."

한 과장으로서는 대단한 용기였다. 누구에게도 자신의 마음을 이런 식으로 이야기하는 법이 없었으니까. 친숙하고 다정한 눈으로 그녀를 바라보던 김 부장은 조심스럽지만 거침없이 이야기를 시작했다.

"자기 자신에게 좀 더 관심을 가지면 일상이 재미있어지지 않을까요? 한 과장은 조건이 여러 가지 좋잖아요? 난 한 과장이 부럽던데. 그걸 즐겨 봐요."

조건이 여러 가지 좋다는 말에 한 과장은 당황했다. 좋긴 뭐가 좋지? 동기들은 차장인데 자신만 여자라는 이유로 과장이고, 결혼도 아직 하지 않았고, 마흔이 코앞인데 집도 없고 모아둔 돈도 없다. 이직을 하자니 실력도 없는데 대체 무슨 조건이 좋다는 건지.

"싱글이니 지금 무얼 도전하더라도 남들보다 허들이 낮지 않을까요? 배우고 싶은 걸 얼마든지 시간 내서 배울 수 있으니 성장할 기회도 많죠. 과장 직급이니 아직은 책임에 대한 부담 없이 도전해볼 수 있다는 것도 행운이에요. 나이도 아직 30대 후반이니 신입사원과 기성세대의 중간에서 자연스럽게 아우를 수 있잖아요? 나는 아무래도 젊은 세대에게는 다가가기 어럽더라고요.

내가 직장생활을 잘할 수 있는 팁을 하나 줄까요? 그건 바로 자기관리예요. 몸이 건강하면 멘탈도 튼튼해져요. 감정도 마찬가지예요. 자기 감정을 잘 알아차리고 돌보면 결국 인간관계에서도 크게 도움이 돼요. 한 과장은 마음만 먹으면 지금보다 훨씬 더 재미있게 직장생활을 할 수 있어요."

활짝 웃는 김 부장에게 한 과장은 얼떨떨한 기분이 되어 "아, 네"라고 대답하며 애매하게 웃었다. 내가 그렇다고? 지금까지 마음에 들지 않던 내 상황이 그렇게 좋은 거였어? 하하, 나 참!

그때부터였다. 한진주 과장이 바뀌기 시작한 건. 퇴근 후에도 트레이닝복으로 갈아입고 러닝을 시작했다. 김루비 부장의 말처럼 자신을 돌보고 자신의 울타리를 잘 관리하고 싶었다. 그동안 자신을 너무 돌보지 않았구나 싶었다. 뛰고 또 뛰면서 땀이 나니 기분도 좋아졌다. 아직은 시들시들해지지 말자. 적금도 들고 3년, 5년 투자 계획도 세웠다. 빈털터리로 노후를 맞고 싶지 않다는 생각이 왜 이제야 드는 걸까?

회사에서도 김루비 부장처럼 유쾌해지려 노력했다. 출근해서 만나는 사람들에게 무조건 먼저 인사하자, 이왕 하는 직장생활 최선을 다하자, 김 부장을 흉내내 보자. 사실 나는 자신을 구해줄 멘토를 무의식적으로 기다리고 있었나 보다. 자신의 업무인 회계 재무 분야의 자격증을 준비하고, 일주일에 두 번 셔플댄스를 배우기 시작했다. 스트레스 해소에는 역시 춤이 최고다. 하루하루가 예전보다 재미있어졌다. 모든 건 마음의 방향이 중요하다는 걸 깨달은 한진주 과장은 이제 회사에서 후배들이 닮고 싶은 선배로 성장해 가고 있다.

세련되고 기품있는
사람들의 공통점

세련되고 기품이 느껴지는 사람은 부러움의 대상이다. 일단 세련되고 기품 있는 사람이 하는 말에는 신뢰감이 한층 더 생긴다. 자기 입으로 '나는 격이 다르다'라고 백번 떠드는 것보다 훨씬 효과가 좋다. 분위기 자체로 사람들을 끌어당기는 힘이 있기 때문이다. 세련되고 기품 있는 사람들은 어떻게 이미지 메이킹을 할까?

1. 드러내지 않고 최선을 다하라

현재 자신이 처한 상황에서 늘 최고, 최선을 선택하는 태도가 자신의 기품을 만들어낸다. 한국계 월드 스타 H씨를 비행기 일등석에서 만난 R씨. 자신이 너무 좋아하는 스타를 만났지만, 선뜻 사진 찍자는 말을 할 수가 없어 승무원에게 부탁했다. H씨가 지금은 곤란하고 나중에 찍자는 말을 전달해 와서 거절

당했다고 생각한 R씨는 서운했지만 뭐 그럴 수 있다고 생각했다. 그런데 한 시간쯤 후에 H씨가 사진 찍을 준비가 되었으니 함께 사진을 찍자고 청해왔다. H씨 덕분에 R씨는 생각지도 않은 스타와의 셀카 추억을 만들 수 있었다. H씨는 같이 사진을 찍자는 팬을 위해 메이크업을 다시 체크하고 편안한 트레이닝복을 말끔한 셔츠로 갈아입은 것이다.

또 하나의 에피소드. 국제구호활동가 Y씨는 자신의 에세이에서 배우 J씨에 대해 이렇게 추억했다. 아프리카 어느 지역에 도착해서 구호 활동의 일환으로 후원을 부탁하기 위해 기업대표를 만나는 식사 자리였다. 흙이 묻고 땀냄새가 나는 채로 식당에 도착한 Y씨에 반해 배우 J씨는 어느샌가 씻고 옷도 갈아입고 연한 화장에 은은하게 향수까지 뿌리고 완전히 다른 모습으로 자리에 왔다. 후원에 대한 협의가 원만히 마무리되고 배우 J씨는 Y를 향해 "우리가 험지에 봉사하러 왔지만 후원을 부탁하는 자리에서 상대에게 최대한 성의 있는 태도를 보이는 것이 좋지 않을까요"라고 말했다.

우리는 많은 것을 착각하며 산다. '그 상황에서 그럴 수밖에 없지 않나', '뭐 그렇게까지 피곤하게 사나'. 모두 자기합리화이다. 상황을 보는 기준에서 사람의 품격이 나뉜다. 지금 상황에서 최선, 최고의 선택이 무엇인지를 생각하는 태도. 그 최선과 최고가 내가 생각하고 행동하는 기준이 될 때 그것이 바로 자신의 품격이 된다.

2. 'NEW'라는 감각을 유지하라

'사람이 왜 그렇게 올드해?'라는 말은 비난이다. 한마디로 '촌스럽다'는 거다. 나이와 관계없다. 젊은 세대가 올드하면 더 대책 없다. 왜 사고방식, 태도, 말, 행동이 올드해지는 걸까? 배움을 멈춰서이다. 호기심을 멈출 때 우리는 너나 할 것 없이 올드해진다. 그러면서 내세우는 변명은 '바빠서' 혹은 '이 나이에 무슨'이다.

세상은 빠르게 변하고 있다. 모든 변화에 뒤처지지 않고 따라가려 하면 그야말로 가랑이가 찢어질지도 모른다. 그러나 내가 좋아하는 혹은 내게 필요한 한두 분야에 대해서 끊임없이 관찰하고 배우려는 태도만 있다면 얼마든지 세련된 나로 성장할 수 있다.

아침에는 허둥지둥 출근해서 일하고 저녁에는 집에 와서 늦은 저녁을 먹고 누워서 TV를 보다 잠드는 쳇바퀴 도는 생활을 하다 보면, 세상의 트렌드와 멀어질 수밖에 없다. 음악을 좋아하면 음악을 꾸준히 즐기는 것도 좋다. 책을 좋아한다면 어쩌다 한번은 신간을 둘러보러 서점에 가자. 이 또한 나를 지속적으로 성장시키는 방법이다.

'나는 요즘 무엇을 배우고 있나?'라는 질문을 스스로에게 던지는 것이 나의 품격을 만들어 가는 첫 스텝이다.

3. 내 울타리를 관리하라

자기 영역을 잘 관리하는 사람은 품위도 귀티도 세련됨도 돋보인다. 내 울타리를 정리할 때는 기본기가 갖추어져 있어야 한다. 얼렁뚱땅은 안 된다. 울타리를 정리할 때는 재정, 몸, 감정으로 카테고리를 나눠보자. 재정적 울타리는 월급의 많고 적음과 관계없이 자신의 수입에 맞는 탄탄한 관리가 필수이다. 연봉 1억인 직장인이 연봉 5천인 직장인에 비해 재정적 울타리가 2배 더 튼튼하다고 단언할 수 없다. 내 수입에 맞는 적정 지출 한계를 알고 돈의 흐름을 관리할 줄 아는가가 재정적 울타리 관리의 핵심이다.

몸의 울타리는 신용카드 마일리지와 비교하면 알기 쉽다. 신용카드 마일리지로 마트에서 물건을 사면 대단히 이익을 보는 기분이다. 몸 마일리지도 마찬가지다. 운동을 하면 건강 마일리지가 차곡차곡 쌓이고 갑자기 무리하거나 몸에 문제가 생겼을 때 이 마일리지의 도움을 받는다고 생각하면 당장이라도 일어나 운동화 끈을 매고 싶어지는 것이 정상이다.

감정의 울타리는 더욱 중요하다. 특히 부정적인 감정을 울타리 밖으로 몰아낸다고 생각해 보자. 내 울타리 안에는 내가 원하는 것만을 두고 미련, 후회, 억울함, 분노 같은 부정적인 감정은 울타리 밖으로 내던지는 모습을 상상하는 것만으로도 도움이 된다. 우리는 매일 기상천외한 상황과 맞닥뜨리며 산다. 그중 부정적인 것은 울타리 밖으로 내보내라. 내 것이 아니니 내 울타리 안에 머물게 하지 말자. 그래야 얼굴이 핀다.

우리의 직장생활,
가볍고 자유롭게,
마지막은 근사하게

현직에 있을 때 함께 일하던 후배들과 꾸준히 연락을 하고 지냅니다. 단톡방에서 서로의 소소한 안부를 전하고 일 년에 한두 번쯤 만나 밤늦도록 이야기를 나눕니다. 함께 일할 때는 싸우고 지지고 볶아댔지만, 이제는 뿔뿔이 흩어져서 누구는 여전히 직장인으로, 누구는 사업가로 각자의 인생을 성실하게 살아가고 있습니다.

이야기의 주제는 늘 뻔합니다. 예전에 함께 일할 때 누구 때문에 힘들었다. 그때 동료 누가 곁에 있어서 버텼다. 이제는 하도 들어서 외우겠다는 구박을 들으면서도 여전히 했던 얘기를 또 하고, 그 얘기를 들으면서 또 다들 와하하 웃습니다.

모임에서 제일 선배이자 직장 상사였던 저는 그들의 이야기를 들으며 찔리는 구석이 한두 군데가 아닙니다. 막말을 서슴지 않고 몰아붙이는 간부들이 있었고 살벌한 경쟁 구도 속에서 실적과 평가가 인생의 최고 순위라며 전투력이 활활 불타오르는 직원들도 유난히 많았는데 서로들 얼마나 힘들었겠습니까.

"그렇게까지 난리 칠 일이 아니었는데, 그때는 왜 그렇게 마음이 여렸나 몰라요. 그냥 편하게 생각해도 될 걸 가지고 세상 무너진 것처럼 고민했던 게 지금 생각하면 우습기도 하고 억울하기도 해요."

한 후배가 웃으며 말합니다. 대단히 총명하고 성격도 좋은 그 직원은 저희 회사에서 한 선배와의 갈등으로 일 년을 못 버티고 퇴사했습니다. 이제야 털어놓는다면서 퇴근길에 적당한 곳에 차를 세워두고 한 시간씩 울다 집에 들어갔다고 합니다. 그렇게까지 힘들었냐고 다른 직원이 묻자 회사는 그만두기 싫은데 그 사람과 단 한 순간도 함께 일하고 싶지 않아서 가슴이 벌렁거리는 수준이었다고 했습니다.

그런데 말이죠. 여기서 반전이 있습니다. 끔찍하게 싫은 그를 피해 회사를 옮기긴 했으나 일 년 동안 그 선배에게 혹독하게 배운 일머리 덕분에 결국 이후에 크게 도움이 된 게 사실이라네요. 그 친구가 영리했던 거죠. 사람 싫은 건 싫은 거고 그 선배에게서 배울 건 확실하게 배우는 자세가 결국 자기 자신을 빨리 성장시켰습니다.

직장생활이 그렇습니다. 동호회도 아니고 봉사단체는 더더욱 아니니까 나에게 가장 유리한 것이 무엇인지 생각해서 전략을 짜고 행동에 옮겨야 합니다. 그래야 프로입니다. 직장생활의 인간관계가 그렇습니다.

한발 물러서서 보면 직장에서 인간관계의 문제는 그리 크지 않습니다. 영원히 함께할 사이가 아니어서 그렇습니다. 그러나 매우 중요하긴 합니다. 왜냐하면 내가 원하는 목표를 이루기 위해서는 이 관계가 무엇보다 크게 작용하기 때문입니다. 그런 의미에서 이 책《나는 왜 회사만 가면 힘들까?》가 오늘도 고군분투하는 직장인 독자 여러분께 강력하고도 긍정적인 영향을 드릴 수 있기를 바랍니다.

《나는 왜 회사만 가면 힘들까?》를 통해 직장생활이 가볍고 자유로워지길. 그래서 여러분이 일하는 그 자리에서 더욱 근사하게 빛나길 뜨겁게 응원합니다.

나는 왜
회사만 가면
힘들까?

1판 1쇄 발행 2023년 8월 29일
1판 2쇄 발행 2024년 2월 23일

지은이 유세미

발행인 양원석
편집 출판기획실
디자인 김유진, 김미선
영업마케팅 양정길, 윤송, 김지현, 정다은, 박윤하, 김예인

펴낸 곳 ㈜알에이치코리아
주소 서울시 금천구 가산디지털2로 53, 20층(가산동, 한라시그마밸리)
편집문의 02-6443-8842   **도서문의** 02-6443-8800
홈페이지 http://rhk.co.kr
등록 2004년 1월 15일 제2-3726호

ISBN 978-89-255-7604-6 (03190)